결정을
해야
뭐라도
하지

불안을 확신으로 바꾸는 선택의 심리학

결정을 해야 뭐라도 하지

인쇄일 2021년 6월 16일

발행일 2021년 6월 23일

지은이 네모토 히로유키

옮긴이 김슬기

펴낸이 유경민 노종한

기획마케팅 1팀 우현권 **2팀** 정세림 금슬기 최지원 현나래

기획편집 1팀 이현정 임지연 **2팀** 김형욱 박익비 **라이프팀** 박지혜

책임편집 임지연

디자인 남다희 홍진기

펴낸곳 유노북스

등록번호 제2015-000010호

주소 서울시 마포구 월드컵로20길 5, 4층

전화 02-323-7763 **팩스** 02-323-7764 **이메일** uknowbooks@naver.com

ISBN 979-11-90826-61-7 (03190)

불안을 확신으로 바꾸는 선택의 심리학

결정을 해야

네모토 히로유키 지음 · 김슬기 옮김

뭐라도 하지

유노
북스

결정이 아무리 어려워도
못할 일은 아니다

이 세상에는 두 개의 섬이 있습니다.

하나는 '스스로 결정하지 못하는 섬'입니다. 이 섬에는 결정하지 못하는 사람들이 살고 있습니다. 결정하지 못하는 사람들은 주변의 의견과 평가를 늘 신경 쓰고 자기가 결정한 일을 다른 사람이 조금이라도 반대하면 금세 자신감을 잃어버립니다.

이들은 스스로 결정하지 않기 때문에 결과가 안 좋으면 다른 사람을 탓하고 '이렇게 할걸' 하며 후회합니다. 하지만 이 세상은 실패 없이 살아갈 수 없기 때문에 이 섬은 사람들의 불평불만으로 가득합니다.

또 다른 섬은 '스스로 결정하는 섬'입니다. 이 섬에는 결정할 수 있는 사람들이 살고 있습니다. 결정하는 사람들은 주변 사람의 의견을 참고만 하고 최종적으로는 스스로 결정합니다. 설령 누군가가 반대하더라도 "그래도 나는 이렇게 하고 싶어" 하며 자신의 뜻을 관철합니다.

이들은 일이 잘 안 풀려도 자신의 책임이라고 생각하기 때문에 후회가 아닌 반성을 하고 그 경험을 살려 앞으로 나아갑니다. 일이 잘 풀리면 의견을 보태 준 사람에게 감사하고 성공의 기쁨을 함께 나눕니다. 이처럼 스스로 결정하는 섬은 감사와 배려가 넘칩니다.

스스로 결정하는 섬의 사람들은 말합니다.

"스스로 결정하는 섬으로 오세요!"
"진짜 하고 싶은 선택이 무엇인가요?"
"직감에 따라 당신이 좋아하는 쪽을 선택하세요!"

하지만 결정하지 못하는 사람이 이런 말을 들으면 난감합니다. 스스로 결정하는 섬에 가고 싶어도 그 방법을 모르기 때문입니다. 스스로 결정하는 섬에서 태어난 사람 역시 이쪽으로 건너오는 방법을 가르쳐 줄 수 없습니다.

이 책은 지금까지 아무도 가르쳐 주지 않았던 '스스로 결정하지 못하는 섬'에서 '스스로 결정하는 섬'으로 건너가는 방법을 소개합니다. 어떻게 가르쳐 줄 수 있냐고요? 제가 바로 '스스로 결정하지 못하는 섬'에서 태어나 '스스로 결정하는 섬'으로 건너간 이주민이기 때문입니다.

스스로 결정하는 사람만이
자기 인생을 리드할 수 있다

아침에 눈을 뜨자마자 '좋아, 오늘은 반드시 그 일을 처리하자'며 다짐합니다. 어제까지 지독하게 고민했지만 오늘은 무슨 일이 있어도 꼭 하겠다는 마음으로 집을 나섭니다. 하지만 그런 자신감도 한순간입니다.

회사에 도착해 언짢아 보이는 상사의 얼굴을 보니 아무래도 말하지 않는 게 좋겠다는 생각이 듭니다. 동료는 저의 다짐을 듣고 '이렇게 하는 게 더 낫지 않아?'라고 말합니다. 친구도 비슷한 말을 합니다. 아침에는 굳게 마음먹었는데 점심이 되니 자신감이 바닥으로 떨어졌습니다.

'나는 왜 이렇게 결정을 못 내릴까?'

다른 사람의 의견이 너무 신경 쓰여서 스스로 결정하지 못하는 사람, 누군가가 조금이라도 반대하면 금세 자신감을 잃는 사람, 갈팡질팡하는 자기 자신에게 염증을 느끼는 사람, 차라리 다른 사람이 정해 주는 게 편한 사람까지. 이 책은 이런 사람들을 위해 썼습니다.

'실패하면 어떡하지? 좀 더 준비하고 시작하는 게 어떻겠냐고 말한 사람도 있었는데….'

저 역시 결정하지 못하는 사람이었습니다. 20년 전, 저는 시스템 엔지니어로 일하면서 상담 일을 시작했습니다. 상담사로 평생 먹고살고 싶어 회사에 사직서를 냈지만 걱정과 불안 때문에 사직서를 다시 철회했습니다. 그만두지 않기로 결정한 후에는 직장 상사가 저를 '결정을 번복하는 나약한 사람'이라고 생각할까 봐 두려웠습니다.

회사에 민폐를 끼쳤다는 죄책감 때문에 어떻게든 일을 열심히 해 보자며 발버둥치기도 했습니다. 당연하게도 이런 제 자신이 점점 싫어졌고 부정적인 생각에 자주 빠졌습니다.

'나는 결단력이 없어.'
'결심을 끝까지 밀어붙일 만큼 강하지 못해.'
'나는 우유부단하고 한심한 인간이야.'

자신감을 얻기 위해 읽기 시작한 자기 계발서들은 하나같이 '행동하라'고 이야기했습니다. '실패해도 좋으니 행동하라', '행동하지 않으면 아무것도 달라지지 않는다'고 말이죠. 책을 읽고 나면 의욕이 생겼지만 결국 실패가 무서워서 행동으로 옮기지는 못했습니다. 그리고 행동하지 못하는 스스로가 싫어지는 악순환이 계속됐습니다.

이런 자기 계발서는 보통 앞서 소개한 '스스로 결정하는 섬'에서 태어난 사람이 썼기 때문에 '스스로 결정하지 못하는 섬'에서 태어난 제가 공감하기는 어려웠습니다. 스스로 결정하는 섬에서 태어난 사람이 같은 섬의 주민을 위해 쓴 책이었기 때문입니다.

저는 스스로 결정하지 못하는 섬에서 스스로 결정하는 섬으로 이주하는 방법을 알고 싶었습니다. 그래서 결정을 잘하는 주변 사람에게 의견을 구했습니다. 자기만의 길을 힘차게 걷는 사람은 반짝반짝 빛이 났고, 모두 자신의 길을 직접 결정했습니다. 스스로 결정하는 사람은 이렇게 말합니다.

"어느 쪽이든 괜찮아요. 내가 결정하는 게 중요하죠."
"그게 정말 하고 싶은 일인가요?"

저는 이런 말을 들어 봤자 도움이 안 된다고 생각했습니다. 그러다 본

격적으로 상담 일을 시작하면서 여러 내담자들의 이야기를 듣게 됐고 인생에서 결단이 필요한 수많은 상황을 알게 됐습니다.

'회사를 계속 다닐까, 독립해서 사업을 할까?'
'이혼해야 할까, 결혼 생활을 계속해야 할까?'
'부모님을 모셔야 할까, 시설에 보내 드려야 할까?'
'아이를 낳아야 할까, 아이 없이 둘이 사는 게 좋을까?'

양자택일이 아니라 더 많은 선택지를 두고 고민하는 사람도 많았습니다. 이런 분들에게는 자기만의 길을 걷는 사람들처럼 "어느 쪽이든 괜찮다고 생각해요. 스스로 결정하는 게 중요하죠"라고 말합니다.

저는 결정하는 일을 너무나 어려워하는 사람들의 마음을 누구보다 잘 알고 있습니다. 그래서 마음 전문가로서 사람들이 어떻게 하면 스스로 결정할 수 있고 스스로 내린 결정에 자신감을 가질 수 있는지 그 방법을 대화로 이끌어 냅니다.

이 책에 제가 실제로 상담할 때 사용하는 방법을 모두 담았습니다. 스스로 결정하지 못하는 사람이 자신의 직감을 믿고 결정할 수 있도록 말입니다. 이 책은 스스로 결정하지 못하는 사람이었던 과거의 제가 그토록 읽고 싶었던 책입니다.

불안이 확신으로 바뀌는
선택의 심리학

이야기를 시작하기 전에 당신이 알아야 할 것이 있습니다. 이 책은 답을 내려 주지 않습니다.

"A와 B 중 어느 쪽을 골라야 할까요?"

저는 매일같이 이런 고민 상담을 합니다. 심리 상담사로서 지금까지 2만 명 이상의 사람들을 만나 왔지만 이런 질문에 "A를 선택하세요"라고 답한 적은 단 한 번도 없습니다. 그 대신 어느 쪽이든 좋으니 스스로 결정해 보라고 말합니다.

만약 내담자에게 답을 골라 줬다가 일이 잘 해결되면 다른 갈림길 앞에 섰을 때 또 다시 저의 결정에 의존하지 않을까요? 상담실을 운영하는 입장으로서는 고마운 일이지만 그 사람의 인생을 장기적으로 보면 불행한 일이 아닐 수 없습니다. 그러므로 이 책 역시 당신에게 "고민이 되면 이혼하는 편이 좋죠", "회사를 그만두세요"라고 말하지 않습니다.

스스로 결정하는 사람이 되려면 뭔가를 습득해야 한다거나 다른 사람에게 휘둘리지 않는 무기를 만들어야 한다고 생각할지도 모릅니다. 그러나 이 책을 읽고 당신이 해야 할 일은 '습득'이 아니라 '버리기'입니다.

결정이 어려운 사람은 지금까지 타인에게 미움받지 않기 위해, 실패하지 않기 위해 다양한 갑옷을 둘러 왔습니다. 이제는 갑옷들을 벗어던지고 진짜 나를 찾아야 합니다.

퇴직과 결혼 문제도 혼자 결정하지 못했던 제가, 자기 계발서를 닥치는 대로 읽어도 결정하지 못했던 제가 어떻게 결단력 있는 사람이 될 수 있었을까요? 저는 심리학 덕분에 어른이 되는 과정에서 스스로를 옥죄던 사고 습관을 알아차리고 누그러뜨렸습니다.

이 책은 정답을 빠르게 고르는 법을 알려 주는 책이 아닙니다. 당신의 마음 깊은 곳에서 납득한 선택을 할 수 있도록 돕는 책입니다. 불안과 공포로 가득했던 마음이 근거 없는 자신감으로 채워져 전진하는 것이 이 책의 목표입니다.

제가 스스로 결정하는 사람이 되고 20년간 심리 상담사로 다양한 사람을 만나면서 확실히 알게 된 것이 있습니다. 다른 사람이 아무리 반대해도 스스로를 납득할 수 있는 선택을 한 사람은 인생을 충실하게 살아간다는 점입니다. 특히 그 누구도 미래를 예측할 수 없는 이 시대를 행복하게 살아가려면 남에게 의존하지 않고 스스로를 믿고 나아갈 힘이 필요합니다.

내가 납득해서 내린 결정은 설령 결과가 예상과 다르더라도 후회하지 않습니다. 내가 선택했기 때문에 결과를 쉽게 받아들일 수 있고, 다시 앞으로 나아갈 수 있기 때문입니다. 이런 사람은 언뜻 실패한 것처럼 보여도 실제로는 실패를 인정하고 전진할 수 있기 때문에 결국 잘 풀리게 마련입니다. 이들이 바로 '스스로 결정하는 섬'의 주민입니다. 스스로 결정한다고 해서 반드시 실패하지 않는 것은 아니니까요.

어쩌면 당신은 지금의 자신이 별로 마음에 들지 않을지도 모릅니다. 결단력 없는 스스로의 모습을 바꾸고 싶어서 이 책을 집어 들었으리라 생각합니다.

그러나 당신 자체를 바꿀 순 없습니다.

바꿔야 하는 건 '사고 습관'입니다.

저는 당신이 있는 그대로의 모습에 자신감을 갖고 스스로 결정할 수 있게 되길 바랍니다. 왜냐하면 민감한 사람, 타인을 지나치게 우선해서 결정을 내리지 못하는 사람에게는 타인의 마음을 헤아릴 수 있다는 굉장한 장점이 있기 때문입니다. 이제 스스로 결정하는 능력만 갖추면 당신의 민감함은 특별한 재능이 됩니다. 당신의 재능이 사라지지 않도록 이 책과 함께 여행을 떠나 보면 어떨까요?

그럼 이제부터 결정할 수 있는 섬을 향해 출발해 봅시다.

1장
왜 자꾸 인생이 갈팡질팡할까
내 선택이 불만족스러운 이유 깨닫기

2장
나는 언제부터 우유부단한 사람이 됐을까
내가 결정 못하는 이유 찾기

3장
확신이 부족할 때 확인해야 할 9가지
결정을 방해하는 강박 버리기

4장
결정이 쉬워지는 마음 만들기
생각과 감정의 브레이크 풀기

5장
어떻게 결단력 있는 사람이 될까
인생의 중심을 '나'로 옮겨 오기

6장
내 결정에 힘을 싣는 법
결정이 심플해지는 기술 활용하기

7장
결정을 해야 뭐라도 하지
인생을 확신으로 채우기

왜 자꾸 인생이
갈팡질팡할까

내 선택이 불만족스러운 이유 깨닫기

심리 상담에서 만난 대부분의 사람은 인생의 기로에 서서 앞으로 어떻게 살아가면 좋을지 고민하고 있었습니다. '독립할 것인가 이대로 살 것인가', '이혼할 것인가 말 것인가', '남자 친구를 계속 만날 것인가 헤어지고 다른 사람을 찾을 것인가' 등등 저마다 다양한 갈림길에서 결정을 내리지 못해 끙끙 앓고 있었죠. 저는 그들에게 말합니다.

"어느 쪽이든 좋아요. 더 나은 쪽을 스스로 생각하고 결정해 보세요."

스스로 결정하고 선택한 길을 응원하는 것이 저의 상담 방식입니다. 냉정한 말 같지만 스스로 결정하지 않으면 아무런 의미가 없기 때문입니다. 하지만 결정이 어려워서 상담을 받으러 왔을 테니 그 이유를 함께 알아보기 위해서 우선 내담자의 과거를 파고듭니다. 과거를 거슬러 올라가며 진정한 자신의 모습을 찾아가는 것이죠.

첫 번째 주제는 '스스로 깨닫기'입니다. 심리 상담을 받는 사람 중에는 "옛날부터 늘 혼자 결정하지 못했어요"라고 말하는 분도 있지만, "지금까지 스스로 결정했다고 생각했는데 사실 그렇지 않았네요" 하고 깨닫는 분도 많습니다. 당신은 지금까지 인생의 중요한 선택을 충분히 납득하고 결정해 왔나요? 결정하는 방법만 알고 싶은 분도 있겠지만 자신을 깨닫는 과정은 스스로 결정하는 섬으로 이주하기 위해 반드시 필요합니다.

스스로 깨닫지 못하면 인간은 바뀌지 않기 때문입니다.

스스로
결정했다는 착각

　1장에서는 스스로 결정하지 못하는 사람에서 스스로 결정하는 사람이 된 일화들을 소개하겠습니다. 앞으로 등장하는 사람들은 지금까지 주체적으로 결정해 왔다고 생각했지만 실은 그렇지 않았다는 걸 깨달았다는 공통점이 있습니다. '다른 사람의 이야기를 읽은들 무슨 소용일까?' 싶을 수도 있지만 자기 자신을 객관적으로 바라보기 위해서는 타인의 경험을 살펴보는 일이 매우 중요합니다.

　이 일화들은 당신의 거울이 돼 줄 것입니다. 거울을 보지 않고는 머리가 흐트러졌는지, 얼굴이 퀭한지 깨닫기 어렵습니다. 마찬가지로 자신의 사고 습관을 혼자 알아차리기란 매우 어려운 일입니다. 다양한 일화를 읽고 '나는 이랬었지' 하며 당신의 경험과 비교하며 읽어 보세요. 혹시 도중에 주체적으로 결정하지 못한 과거의 모습과 마주하더라도 '왜 그때 혼자 결정하지 못했을까', '한심하다'라며 자책하지 않으면 좋겠습니다. 우선 나에게 이런 모습이 있었다는 걸 깨닫는 것만으로도 충분합니다.

회사 일은 잘해도
사적인 일은 결정하지 못하는 사람

첫 번째 일화는 30대 후반인 남성 회사원의 고민입니다. 그는 사내에서 촉망받는 유능한 인재입니다. 그는 1년 전부터 자신의 능력을 시험해 보고 싶은 마음이 생겨 독립을 꿈꾸고 있었습니다. 하지만 언제 회사를 나갈지 쉽게 결정하지 못했습니다. 그는 이대로 고민만 하다가 인생이 끝나 버릴 것 같다고 생각하며 저에게 상담을 받으러 찾아왔습니다.

그는 관리직으로 승진하기 위해 미국 본사 연수를 준비하고 있었습니다. 만약 연수를 받으면 연수 기간 1년이 지나고도 귀국 후 수년간 회사를 떠날 수 없는 상황이었습니다. '독립하려면 기회는 지금이다'라고 생각했지만 좀처럼 결단을 내리지 못하는 자신이 한심하게 느껴졌다고 합니다.

결정을 해야 뭐라도 하지

저는 그의 성장 과정부터 찬찬히 들여다보기로 했습니다. 그는 중앙 행정 기관의 커리어 팀에서 일을 척척 해내는 아버지와 교육열이 높은 어머니의 맏아들로 태어났습니다. 어린 시절부터 부모의 기대를 한껏 받았고, 그 기대만큼이나 학교 성적도 우수해서 도내 명문이라고 불리는 초중고등학교와 도쿄대를 졸업했습니다.

그는 모두가 인정하는 엘리트였습니다. 대학 졸업 후에는 누구나 아는 대기업에 입사했고 지금의 회사로 이직해서 바쁜 나날을 보냈습니다. 게다가 아름다운 아내, 귀여운 두 아이와 함께 행복한 가정도 꾸린 상태였습니다.

여기까지 읽으면 어떤 생각이 드나요? 그는 충분히 행복해 보이고 큰 고민도 전혀 없을 것 같지 않나요? 그는 왜 행복에 필요한 모든 것을 손에 쥐고 있는데도 결단력이 부족한 자신의 모습 때문에 고민하는 걸까요? 그 이유는 이어지는 이야기에서 들을 수 있었습니다.

"어머니는 엄격하셨지만 진학이나 취직을 준비할 때면 늘 '네가 원하는 곳에 가면 돼'라고 말씀하셨어요. 아버지도 저의 꿈에 반대하지 않고 인정해 주셨고 아내 역시 제가 이직할 때 응원해 줬습니다. 제가 맡은 업무는 어려운 결단이 요구될 때가 많은데 일할 땐 오히려 결단이 빠른 편이라 상사에게 인정도 받았습니다. 이런 제가 1년 넘게 결정하지 못하고 고민하는 게 너무 이상해요. 전 제가 결단력이 부족한 사람이라고 생각한 적이 없거든요. 제 자신이 실망스럽습니다."

그는 시원시원하게 자신의 이야기를 들려줬습니다. 지인에게 상담을 추천받았을 때도 망설임 없이 결정했다는 걸 보면 분명 우유부단한 사람처럼 보이진 않았습니다. 그런데 그가 부모님에 관한 이야기와 진학, 취직, 이직 이야기를 털어놓을 때 왠지 모를 위화감이 느껴졌습니다.

논리적으로 생각하는 것처럼 보여도 실제로는 직감에 따라 결정하는 사람이 있습니다. 사실 그는 아주 똑똑하지만 동시에 매우 직감적인 사람이었던 것입니다. 이런 저의 의견을 전하자 그는 자신의 결혼 스토리를 이야기하기 시작했습니다.

"첫눈에 반했어요. 이 사람과 결혼해서 아이를 낳고 가정을 꾸리는 모습이 머릿속에 그려졌죠. 물론 그런 제 생각을 직접적으로 말하진 않았지만 아내에게 적극적으로 다가갔습니다. 아내도 저랑 비슷한 느낌을 받았는지 사귄 지 얼마 안 돼서 둘 다 결혼을 결심했고 양가 부모님의 축복을 받으며 결혼했습니다."

또한 그는 중학생 때부터 음악에 흥미를 느껴 지금도 아마추어 합창단에서 활동하고 있습니다. "노래를 부를 땐 엄청난 해방감이 느껴져서 행복해요. 욕조 안에서 노래를 너무 크게 불러서 아내한테 혼난 적이 있을 정도예요"라고 말하는 그는 감수성이 아주 풍부하고 감각적인 사람이라고 생각했습니다.

이렇게 감수성이 풍부한 사람은 현장의 분위기를 읽거나 다른 사람의 감정에 공감하는 데 뛰어난 재능을 보입니다. 하지만 그럴수록 분위기를 너무 의식하거나 사람들의 기분을 파악하느라 자신의 감수성을 억누르는 경향이 생기기도 합니다. 저는 그가 독립을 결정하지 못하는 이유를 어렴풋이 알 것 같았습니다.

자신의 감각보다
주변의 기대를 신경 쓴 결과

"어쩌면 스스로 결정했다고 생각했지만 실제로는 주변 사람의 뜻에 따라 살아왔을지도 몰라요. 그래서 온전히 혼자 결정해야 하는 이 상황이 버거운 게 아닐까요?"

그는 제 말을 듣고 잠깐 의아한 표정을 짓다가 금세 "선생님 말씀이 맞을지도 몰라요"라고 대답했습니다. 그는 부모님이 언제나 자신의 뜻을 존중해 줬다고 말합니다. 하지만 그렇다고 해도 실은 부모님이 원하는 선택지 안에서 마음에 드는 것을 결정한 게 아닐까 생각했습니다. 무의식중에 그가 부모님의 마음을 읽고 선택지를 좁힌 것입니다.

결정을 해야 뭐라도 하지

처음에는 부모님의 생각과 무관하게 자신이 정말로 원하는 선택지가 있었지만 어린 시절부터 형성된 부모와의 관계를 지키기 위해 무의식적으로 그들이 기뻐할 만한 길을 골라 왔을지도 모릅니다. 한마디로 진학도, 취직도 부모가 인정해 줄 법한 범위 내에서 결정한 것입니다.

인생의 기로에 설 때마다 의지를 억누르다

그는 고등학생 때 음악에 푹 빠졌고 음대에 진학해 본격적으로 성악을 배우고 싶었습니다. 하지만 당시 학교에서 예술 계열로 진학하는 학생은 없었고 당연히 부모님도 그 선택을 좋아하지 않을 거라고 생각했습니다. 결국 우수한 성적에 맞춰 도쿄대에 진학한 것입니다.

그는 자신의 결정을 후회하지 않았지만 당시에 자신의 의지를 억눌렀던 것은 사실이었습니다. 취직을 준비할 때도 마찬가지로 그는 많은 사람이 바라는 공무원이나 유명 기업에 매력을 느끼다가도 성장 가능성이 높은 벤처 기업에 마음이 기울곤 했습니다. 이것이 그가 지금 사업을 하고 싶어 하는 이유입니다. 그렇지만 '어차피 벤처 기업으로 이직할 거면 첫 직장은 제대로 된 곳에 들어가는 게 좋다'고 판단해서 대기업에 입사한 것이죠.

그는 이 결정 역시 후회하지 않았습니다. 그러나 후회와 별개로 중요한 것은 그가 인생의 기로에 설 때마다 자신의 직감과 기분을 억누르고 주변 사람의 분위기와 의도를 파악해서 선택해 왔다는 점입니다. 본인의 선택이라고는 하지만 '주변의 기대'라는 한정된 범위 내에서의 선택이지, 스스로가 마음 깊이 납득한 것이 아니었습니다.

주변의 기대에 부응하는 선택이 꼭 나쁘다고 볼 수 없습니다. 그렇지만 그가 지금 사업을 할지 말지를 1년 이상이나 고민하게 된 배경에는 '스스로 결정했다고 생각했지만 사실은 진심으로 납득해서 결정하지 않았던 과거'가 영향을 미쳤을 것입니다.

진심으로 좋은가?
중요한가? 원하는가?

우리는 다른 사람과 관계를 맺으며 살아가기 때문에 주변 사람들의 영향을 적지 않게 받습니다. 그런 가운데 자신의 생각을 밀고 나가기란 매우 어렵고 용기가 필요한 일입니다. 어쩌면 그가 너무 똑똑한 게 화근이었을지도 모릅니다. 그는 모두가 선망하는 엘리트 인생을 걸고 있었으니까요.

저는 반복해서 물었습니다.

"당신이 정말로 좋아하는 게 무엇인가요? 당신에게 정말로 중요한 건 무엇인가요? 당신이 정말로 하고 싶은 건 무엇인가요?"

그가 주저 없이 대답할 때마다 저는 "정말로 그걸 원하나요? 정말 좋아하는 게 맞나요?"라고 재차 물었습니다. 그는 "왠지 압박 면접 같네요!"라며 쓴웃음을 지으면서도 솔직하게 자신의 진심과 마주했습니다.

그러자 어린 시절부터 부모님의 표정을 살피고 그들의 기대에 부응하기 위해 부단히 노력해 온 자신의 모습이 떠올랐다고 합니다. 지금까지 봉인돼 있던 그의 또 다른 얼굴이 튀어나온 순간이었습니다. 그는 침착한 표정으로 말했습니다.

"저는 스스로 만족하며 살았다고 생각했는데, 실은 여기저기 놀러가고 싶었고 노래도 더 많이 부르고 싶었나 봐요. 그런 마음을 꾹 참아 왔네요. 어쩌면 지금도 가족과 직장 동료들에게 너무 신경을 쓰면서 살고 있는지도 모르겠습니다. 가끔 이런 생각을 해요. 자유로워지고 싶다고 말이죠. 왜 이런 생각이 드는지 의문이었는데, 선생님 말을 들으니 알겠어요. 저는 제가 원하는 대로 살아온 것 같지만 실은 주변의 눈을 너무 의식하며 살아왔어요."

나는 왜
누군가의 허락이 필요할까?

"저는 이제 어떻게 하면 좋을까요?"

그의 질문에서 절실한 마음이 느껴졌습니다. 저는 이렇게 묻기로 했습니다.

"평행 세계에 중학생 때 공부를 포기하고 자퇴한 내가 있다고 상상해 보세요. 그곳의 나는 어떤 인생을 살고 있을까요?"

그는 팔짱을 끼고 생각에 잠겼습니다. "어렵지만 재미있는 질문이네요"라고 말하며 시간이 더 필요하다고 했습니다. 그래서 이 질문은 숙제로 남긴 채 그날의 상담은 마무리됐습니다.

그는 사춘기에 큰 반항 없이 지금의 모습대로 자랐습니다. 그래서 부모님에게 반항을 하고 자퇴를 한 모습을 상상하려면 시간이 조금 필요해 보였죠. 한 달 반이 지나고 다시 상담실을 찾은 그가 이야기를 꺼냈습니다.

"여러 생각을 해 봤어요. '불량한 친구들과 함께 골목길을 전전했을까?', '성악을 정복하기 위해 유학을 떠났을까?', '배낭여행자가 돼서 인도의 매력에 푹 빠지지는 않았을까?', '자퇴한 게 후회돼서 독하게 공부하고 다시 도쿄대에 입학하지는 않았을까?'라고 말이죠. 그런데 상상이 너무 즐거웠어요. 저는 정말 이렇게 살고 싶었던 걸까요?"

이야기를 계속하는 그의 얼굴이 설렘으로 가득해 보였습니다. 인도에 가 본 적은 없지만 인도에 다녀온 사람들이 쓴 책과 블로그를 열심히 읽었다는 이야기, 불량배 무리에 들어갈 용기는 없었지만 화려하게 노는 친구들을 내심 부러워했던 이야기, 성악의 본고장인 이탈리아나 독일을 동경해서 신혼여행 때 그곳을 방문한 이야기, 공부를 싫어하지는 않았기 때문에 자퇴를 해도 독하게 공부했을 거라는 이야기까지. 이 다양한 상상 속에는 그가 원하는 '자유'가 있었습니다.

어렴풋이 원하던 바를
확실하게 깨달을 것

저는 그에게 말했습니다.

"이야기를 들어 보니 당신은 아무것도 없는 상태에서 배우고 성장하는 데 기쁨을 느끼는 사람 같은데요? 그래서 벤처 기업을 동경하고, 유럽 유학과 방랑 생활을 상상하거나, 대학 입시에서 도쿄대를 목표로 삼은 게 아닐까요? 당신의 속마음은 '이제 진짜 내가 좋아하는 걸 하게 해 달라'고 말하고 있는지도 몰라요."

그는 생긋생긋 웃으며 대답했습니다.

"저도 말하는 내내 그렇게 생각했어요. 어렴풋하게 깨달았는데, 저는 이미 제 마음 깊은 곳에서 지금 다니고 있는 회사를 그만두고 독립하기로 결정한 것 같아요. 오늘 선생님과 이야기를 나누니까 확신이 들어요. 빨리 그 방향으로 움직여 보고 싶어요. 사실 사업 계획도 이미 세워 놨거든요. 준비는 다 돼 있어요."

얼굴에 홍조를 띠며 생기 있게 말하는 그는 그야말로 한층 더 성장한 것처럼 보였습니다.

　그날 상담을 마친 그는 아내와 아이들에게 자신의 계획을 이야기했고 주말에는 양가 부모님에게 자신의 뜻을 전했습니다. 그리고 바로 사표를 제출했습니다. 회사 측의 강력한 만류가 있었지만 그가 하고자 하는 사업이 회사 일과 관련이 있다는 이야기를 듣고 그의 첫 거래처가 돼 주기로 결정됐다고 합니다. 사업을 시작하는 사람으로서 최고의 지원을 받은 셈이죠.

　이처럼 대화를 나누면서 내담자의 마음속을 깊이 살피다 보면 "결정을 못 하겠어요"라고 망설이던 사람도 안개가 걷힌 듯 밝아지고 금세 행동으로 옮길 때가 있습니다. 결정하지 못해서 고민이라고 하지만 사실 직감으로는 이미 결정을 내린 것입니다. 단지 여러 가지 생각이 실천을 방해하고 있었을 뿐이죠.

　지금까지의 내용을 정리하면 '내가 결정했다고 생각했는데 알고 보니 어떤 제한 내에서의 선택이었다'는 결론이 나옵니다. 혹시 여러분에게도 해당하는 부분이 있지 않나요? 옷을 고르면서 '아, 이거라면 어머니도 마음에 드시겠지'라고 생각하거나, 결혼 상대를 고르면서 '이 사람이라면 부모님도 만족하실 거야'라고 생각하거나, 일을 할 때 '이 정도면 상사도 도장을 찍어 줄 거야'라고 판단하는 것은 자유로운 선택이 아니라 제한된 선택일 가능성이 높습니다.

이런 판단을 반드시 잘못됐다고 볼 수는 없지만 당신의 마음의 목소리에 반하는 선택으로 이어진다면 점점 스트레스가 쌓여 갈 것입니다. 그리고 머지않아 중요한 결단을 내릴 때 주저하게 되고, 끝끝내 결정하지 못하는 사람이 될지도 모릅니다.

당신의 속마음은 뭐라고 말하고 있나요? 자신의 마음과 대화를 나누는 것은 스스로 결정하는 사람이 되는 중요한 첫걸음입니다.

착한 아이가
감내해야 하는 것들

이번에는 야무진 큰딸로 살아온 한 여성의 이야기입니다. 그녀는 유치원생일 땐 엄청난 말괄량이로 친구들과도 잘 어울렸고 때론 싸움도 마다하지 않았습니다. 주목받고 싶어서 반장 후보를 자처하기도 하며 늘 친구들 사이의 중심에 있었습니다.

그런데 사춘기를 맞이하면서 주변의 시선을 신경 쓰기 시작했고 점점 얌전한 아이로 변해 갔습니다. 반에서 적극적으로 의견을 주장하던 모습은 온데간데없고 가능한 한 눈에 띄지 않는 학생이 된 것입니다.

그녀는 맞벌이하는 부모님을 대신해서 4살 어린 여동생을 돌보는 '착한 언니'이자 부모님에게 걱정과 민폐를 끼치지 않는 '착한 딸'로 자랐습니다. 그래서인지 중고등학생 땐 왠지 모르게 힘들고 갑갑한 날이 많았다고 합니다. 대학교도 선생님과 부모님이 제안한 학교 중에서 성적이 맞는 곳을 골랐고, 졸업 후 취직을 준비할 때도 특별히 하고 싶은 일이 없어서 내정을 받은 회사에 들어갔습니다.

모두가 부러워해도
행복하지 않은 인생

그녀는 연애를 할 때도 소위 말하는 '뜨거운 사랑'보다는 '오랫동안 함께한 부부' 같은 안정적인 관계를 지향해 온 듯했습니다. 그녀는 일이든 연애든 '나는 안정적인 게 어울려'라고 생각했고 머지않아 평범하게 결혼해서 당연히 엄마가 될 거라 생각했습니다. 그 생각대로 그녀는 스물다섯 살 때 두 살 연상의 직장 선배와 결혼했습니다. 그리고 2년 후에는 아이도 낳았죠.

그녀는 대부분 미혼인 친구들 사이에서 부러움의 대상이었습니다. 육아는 힘들었지만 아이들은 너무나 예뻤고 키우는 보람도 있었습니다. 남편도 육아와 집안일을 함께했기에 주변 사람들의 눈에는 너무나 행복한 가정처럼 보였습니다.

그러나 그녀는 늘 마음속에서 시들함을 느꼈습니다. 결혼 전까지 자유를 누리며 살아왔고, 지금은 자상한 남편과 귀여운 딸아이가 있지만 진심으로 그 행복을 느끼지 못했습니다. 그녀는 행복을 느끼지 못하는 자신이 못마땅했습니다. 모두가 부러워하는 환경에 있는데 행복을 느끼지 못하다니 정말 이상하다고 생각한 것입니다.

그러던 어느 날 그녀는 몸의 이상한 변화를 느끼고 산부인과를 찾아갔습니다. 그리고 자궁에서 커다란 근종이 발견됐다는 소식을 듣게 됩니다. 다행히 수술로 환부를 적출했지만 이 일은 그녀에게 너무나 충격적인 사건이었습니다.

'왜 이렇게 될 때까지 알아채지 못했을까? 왜 이런 병에 걸린 걸까?'

의사에게 "오랫동안 참았던 것 아닌가요?"라는 말을 들을 정도로 상태가 좋지 않았지만 전혀 자각하지 못했고 오히려 자신이 건강하다고 믿었습니다. 그녀는 이 일을 계기로 자신의 인생을 돌아보게 됐습니다. 다양한 책을 읽고 여러 세미나에 참여하면서 자신의 진짜 모습을 억누르던 어린 시절과 마주할 수 있었죠.

'여동생이 어려서 부모님의 말을 잘 들었던 나.'
'부모님을 힘들게 하지 않기 위해 착한 아이가 된 나.'

'학교 친구들의 눈을 의식해서 자기 자신을 지우고 살았던 나.'

'사실은 친구들과 선생님을 매우 신경 쓴 나.'

'혼자가 되는 게 두려워서 주변 사람들에게 맞추며 살아온 나.'

'정신을 차리고 보니 점점 자기 자신을 잃어 가고 있는 나.'

자신의 결정을
바보 같다고 여기는 마음

대학에 진학할 때도, 취직을 준비할 때도 그녀는 자신이 정녕 무엇을 하고 싶은지 알지 못했습니다. 앞서 이야기했듯이 연애에 필사적이었던 적도 없었고, 친구들이 열광하는 아이돌이나 배우에도 관심이 없었으며, 뭔가에 몰입한 적도 없었습니다. 그렇게 인생을 돌아보자 그녀는 '그냥 살아오긴 했는데, 내 인생을 살지 않은 게 아닐까'라는 생각이 들어 큰 충격을 받았습니다.

지금까지 '내 인생은 내가 정해 왔다'고 생각했는데 실은 '내가 결정했다고 착각했을 뿐'임을 깨달으면 큰 충격을 받기 마련입니다. 이때 심하게 낙담한 사람은 며칠씩 집 밖으로 나가지 않는 경우도 있습니다. 그녀

역시 혼란스러운 마음을 잠재우고자 상담을 받으러 온 것입니다.

세상에
터무니없는 꿈은 없다

저는 그녀에게 이렇게 말했습니다.

"사실은 장난기 많고 활발한 아이였죠? 어쩌면 그게 당신의 진짜 모습인데, 사춘기 이후에 봉인한 걸지도 몰라요. 우연히 발견된 병이 이 사실을 깨닫게 해 줬네요."

저는 상담할 때 모든 병을 '어떤 메시지를 전해 주는 것'이라고 해석합니다. 산부인과 질병은 당연하게도 여성만 걸리기 때문에 저는 그녀의 병이 주는 메시지를 '당신은 지금까지 여성스러움을 숨기며 살아오지 않았나요? 당신을 좀 더 표현해도 돼요'로 해석할 수 있다고 생각했습니다. 어쩌면 더 '여성스럽게' 살고 싶은 걸지도 모르니까요.

그녀는 초등학교 고학년 즈음부터 인생이 180도 달라진 데 의문을 갖고 있었습니다. 따돌림을 받거나 급격한 환경 변화를 겪은 것도 아닌데 말이죠. 저는 그 의문이 해소될 만한 이야기를 전했습니다.

"그런 일은 흔하게 일어납니다. 사춘기가 되면 몸에 변화가 일어나는데 마음도 마찬가지예요. 어른이 되기 위해 의식이나 사고방식이 점점 달라지는 거죠. 갑자기 다른 사람을 의식하거나 주변 사람을 무서워하는 등 성격이 바뀌는 경우도 있어요."

저는 그녀에게 어릴 적 꿈이 무엇이었는지 물었습니다.

"아이돌이나 배우가 되고 싶었어요. 이웃에 사는 친구들과 작은 콘서트를 열곤 했는데 저는 늘 그 중심에 있었죠."

하지만 어느 순간 자신의 꿈이 바보 같다는 생각이 들었다고 합니다. 그 후에는 딱히 꿈이라 할 만한 것이 없었다고 하죠.

아이돌이나 배우가 되고 싶은 심리에는 '사람들 앞에 나가서 스포트라이트를 받고 싶다', '끼를 뽐내고 싶다', '유명해지고 싶다', '모두에게 사랑받고 싶다' 같은 소망이 숨어 있기 마련입니다. 그렇기 때문에 저는 그녀가 더 이상 다른 사람의 그늘에 숨지 않고 사람들의 관심을 받으며 살아가기를 바랐습니다. 하지만 그녀는 "이제 와서 아이돌을 꿈꾸기엔 너무…"라고 말하며 주저하는 듯했습니다.

저는 아이돌이나 배우가 아니더라도 얼마든지 사람들 앞에서 빛나는 인생을 살 수 있지 않겠냐고 말했습니다. 좋아하는 일을 척척 해내도 좋고, 엄마들의 리더가 돼서 유명한 인플루엔서가 될 수도 있습니다. 꼭 이름을 알리지 않아도 내가 좋아하는 일을 하다 보면 자연스럽게 반짝반짝 빛날 테니까요.

진정한 행복에는
나다움이 있다

저는 그녀에게 이렇게 물었습니다.

"활발한 아이였던 모습 그대로 어른이 됐다면 지금쯤 어떤 인생을 살고 있을 것 같나요?"

그녀는 이렇게 답했습니다.

"분명 더 자유롭게 이곳저곳을 다니며 좋아하는 일을 하고 살 것 같아요. 항상 해외를 동경했으니까 유럽을 오가는 인생을 살지도 모르고요.

지금이랑은 전혀 다를 것 같아요. 생각해 보면 저도 모르게 부모님이나 주변 사람이 바라는 인생을 살았나 봐요. 저는 주변 사람에게 사랑받고 있고, 행복하다고 믿고 싶었던 거죠. 그런데 몸에 근종이 생기고 깨달았어요. 앞으로 남은 인생은 내가 결정해 나가고 싶다고 말이죠. 남편과도 이 문제를 이야기해 봤어요. 저는 활발했던 예전의 제 모습처럼 자유롭게 살고 싶어요."

봉인해 둔
진짜 모습을 깨워라

그날 이후 그녀는 전부터 흥미가 있었던 일을 준비하기 시작했습니다. 결혼식 같은 축하 행사의 진행을 맡는 '사회자'입니다. 그녀는 자신의 결혼식에서 본 여성 사회자가 반짝반짝 빛나 보였다고 합니다.

육아와 학업을 병행하고부터 그녀는 수많은 변화를 느꼈습니다. 자신의 결정을 존중해 준 남편에게 진심으로 고마워하게 된 것입니다. 자신이 하고 싶은 일을 할 수 있게 됐고, 그래서 인생은 점점 재미있어졌습니다. 눈에서는 반짝반짝 빛이 났고 표정도 한결 부드러워졌으며 허리도 쭉 펼 수 있게 됐죠. 인생이 즐거워지니 자신의 의견을 존중해 준 남편에게 감사하는 마음이 저절로 생긴 것입니다.

결정을 해야 뭐라도 하지

그전까지는 감사함을 의무적으로 표현할 뿐 진심에서 우러나지는 않았다고 합니다. 하지만 이제는 '고맙다'는 말을 진심으로 할 수 있게 됐고 '이 사람이 내 남편이라서 정말 다행이다'라고 생각하게 됐습니다. 그렇게 남편을 향한 사랑도 점점 더 커졌습니다. 그녀는 결혼 후 7~8년간 일어난 변화가 스스로도 놀랄 정도라고 말합니다.

"이렇게 진심으로 사람을 좋아하게 된 게 어쩌면 처음일지도 몰라요."

조금 부끄러워하면서 그녀가 말했습니다. 그녀는 자신의 결심을 부모님에게도 이야기했습니다. 그러자 가족과도 전보다 훨씬 더 원만한 관계를 쌓을 수 있게 됐습니다.

두 번째 일화는 사춘기 이후 진정한 자신의 모습을 억누르고 '착한 아이'로 살아온 여성의 이야기였습니다. 그녀는 '착한 아이'로 살다가 자기도 모르는 사이에 스스로 결정하지 못하는 어른으로 자라 있었습니다. 그것을 깨닫게 된 계기는 병이었지만 지금은 자신의 삶의 방식을 바꿔준 병에게도 감사할 수 있다고 말합니다. 자신만의 인생을 살면 이렇게 긍정적인 생각까지 할 수 있게 되죠.

당신은 어떤가요? 나의 가치관에 맞는 나다운 인생을 살고 있다고 말할 수 있나요?

행복해야 하는데 왠지 모르게 찝찝하거나 축복받고 있어도 행복하지 않아 위화감이 든다면 이제는 진짜 '내 모습'을 떠올려야 할 때입니다.

결정을 해야 뭐라도 하지

"다 너를 위해서야"라는
말의 함정

지금까지 일 때문에 고민인 사람들의 이야기를 했으니 이번에는 부부 관계로 고민하는 사연을 소개할까 합니다. 남편과의 이혼을 고민하는 30대 중반 여성의 이야기입니다.

그녀는 결혼한 지 6년 정도 됐고 아이는 없습니다. 결혼 후 줄곧 남편과 관계를 갖지 않았기 때문입니다. 그녀는 이 문제로 남편과 여러 차례 이야기했지만 그때마다 답을 피하는 남편 때문에 마음속에 불만과 외로움이 쌓여 갔습니다. 이 외로움을 달래 주는 건 바쁜 직장에서 열심히 일하는 것뿐이었죠. 그러던 어느 날 그녀는 이혼 경험이 있는 한 남성을 만납니다. 그리고 남편과 달리 성격이 시원시원한 그에게 마음을 빼앗

겼습니다. 퇴근길에는 그와 연인처럼 데이트를 즐기기도 하며 만남을 이어 갔습니다.

그 남성에게는 꿈이 있었습니다. 해외로 사업을 확장해서 동남아시아에 집을 짓고 세계를 여행하는 것이었죠. 그녀도 줄곧 해외 생활을 꿈꿨기 때문에 그의 꿈을 듣자 가슴이 두근거렸다고 합니다. 그와 반대로 남편이 하는 일은 해외 출장은 갈 수 있어도 해외 이주는 꿈도 꿀 수 없었습니다.

그녀는 남편과 헤어지기로 마음먹었습니다. 그러다가도 '아니, 그래도…' 하는 생각이 고개를 들었다가, 다시 '역시 이혼이 답이다'라고 생각하는 날들이 계속됐습니다. 끊임없이 갈등하던 그녀는 마침내 이 고민을 그 남성에게 털어놓았습니다. 그러자 그는 자신의 솔직한 심경을 전했습니다.

"나도 당신과 함께 해외에 살면서 일하고 싶어. 그런데, 그렇게 오래는 못 기다릴 것 같아."

그의 솔직한 대답에 그녀는 큰 감동을 받았습니다. 왜냐하면 남편은 늘 모호한 말밖에 하지 않았기 때문입니다. 그렇지만 동시에 그녀는 초조해지기 시작했습니다. 몇 번씩이나 이혼을 생각했는데 행동으로 옮

결정을 해야 뭐라도 하지

기지 못하는 스스로에게 짜증도 났습니다. 그러던 중 상담을 받기 위해 저를 찾아온 것입니다.

간섭과
관심을 구분하라

저는 부부 관계로 상담을 찾아온 분들께 종종 이런 질문을 던집니다.

"지금까지 어떻게 참을 수 있었던 것 같나요? 살면서 그 이상으로 괴로웠던 시기가 있나요?"

그녀는 어머니와의 관계를 털어났습니다. 그녀의 어머니는 딸을 자신의 소유물처럼 다루며 과도하게 간섭하는 사람이었습니다. 일거수일투족에 잔소리하고 자신의 말을 듣지 않으면 히스테리를 부리는 어머니에게 그녀는 갑갑함을 느꼈지만 결국 마지못해 어머니를 따랐다고 합니다. 그래서 대학교를 졸업하고 타지로 나가게 됐을 땐 큰 해방감을 느꼈다고 말했죠.

하지만 해방감은 그리 오래가지 않았습니다. 어머니는 틈만 나면 문자 메시지를 보내고 전화를 걸었습니다. 때로는 불쑥 집에 들이닥치기도 했습니다. 그녀는 결국 20대 중반부터 어머니와의 관계를 끊기로 결심합니다. 시간이 지나면서 어머니와의 관계는 조금씩 개선됐지만 그녀는 불쑥 옛날처럼 히스테릭해지는 어머니가 껄끄러웠습니다.

지금은 어머니와 연락을 거의 주고받지 않고 연말연시에 잠깐 얼굴만 비추는 정도라 평소에는 어머니의 존재를 의식하는 일이 없다고 합니다. 하지만 모든 일을 어머니의 결정에 따랐던 그때의 버릇이 지금까지 남아 있는 게 문제였습니다.

간섭이나 보호가 지나치거나 걱정이 많은 부모 밑에서 자란 사람은 사소하게는 오늘 입을 옷부터 행동 방식, 그리고 무엇을 배울지, 진학할 학교까지 부모의 말대로 결정하게 됩니다. "다 너를 위해서야"라는 말이 스스로 결정할 기회를 빼앗아 버린 것입니다.

그러다 어느 순간 그녀처럼 크게 폭발해서 반항하는 시기가 옵니다. 물론 반항 한번 하지 않고 어른이 된 사람도 많습니다. 이런 이유로 부모로부터 독립해서 자신의 길을 걷기 시작할 때까지 오랫동안 밴 버릇은 쉽게 사라지지 않습니다. 바로 스스로 결정하지 못하는 버릇입니다.

결정을 해야 뭐라도 하지

남에게 끌려다니는 사람,
스스로 결정하는 사람

    어른이 된 그녀는 자신의 의지에 따라 이직을 했습니다. 결혼도 그녀가 미적지근하게 구는 남자 친구의 등을 떠밀어 진행한 것이었습니다. 그런데 그녀는 이 모든 선택이 무의식에 숨은 '어머니가 바라는 선택'이었음을 깨닫습니다.

    그녀는 안정 지향이 강한 어머니의 영향으로 지금까지 쭉 대기업을 벗어나지 못했습니다. 결혼을 결심한 이유도 '이 사람은 절대 나를 배신하지 않을 거야'라는 확신 때문이었습니다.

    뿐만 아니라 그녀는 어머니로부터 '여자는 결혼하면 화려하게 입고 다니면 안 된다'는 말을 듣고 자라며 자기도 모르게 수수한 옷을 즐겨 입게 됐다고 합니다. 이 밖에도 그녀는 어떤 선택을 할 때마다 어머니의 말대로 행동하는 자신을 발견했습니다. 마치 어머니의 망령이 계속 지시를 내리는 것처럼 말이죠.

어머니는 그녀가 이혼하겠다고 하자 극구 반대했습니다. 그녀의 어머니는 아버지와 늘 다투고 뒤에서 험담하는 일은 있어도 절대 이혼하지 않는 사람이었습니다. 만약 딸이 이혼하겠다고 하면 어머니는 또 히스테릭하게 변할 것이 분명했습니다.

"저는 엄마한테 조금도 벗어나지 못하고 있네요."

지금 그녀에게 필요한 건 남자가 아니라 어머니의 속박에서 자유로워지는 것이었습니다. 그녀는 그 후 여러 차례 '원한 노트(이는 4장에서 설명합니다)'에 자신의 마음을 적으며 어머니에게서 벗어나는 연습을 지속했습니다. 점차 어머니의 영향력이 약해졌고, 그 과정에서 그녀는 자신의 인생을 전혀 스스로 결정하지 않았다는 사실을 깨달았습니다.

상담의 주제는 '스스로 결정하는 사람 되기'로 바뀌었습니다. 그러자 그렇게나 뜨거웠던 남성을 향한 마음이 급격하게 사라졌다고 합니다. 그를 좋아하는 마음은 여전했지만 해외에서 그와 함께 사는 삶이 이전만큼 매력적으로 느껴지지 않게 된 것입니다.

자기중심으로
살아야 하는 이유

이런 상황은 의외로 많은 사람이 겪습니다. 누구든 부부 관계가 꽉 막혔다고 느껴질 때 자신을 구해 줄 '백마 탄 왕자'를 찾게 되는 법이죠. 그녀 앞에 이상형이 나타난 건 어디까지나 그녀가 자신의 인생을 바꿔 줄 사람을 애타게 기다리던 상태였기 때문입니다.

하지만 심리 상담을 받고 자신과 마주할 수 있게 되자 그녀는 남에게 끌려가는 인생이 아니라 자신의 일을 스스로 결정하는 인생을 걷기 시작했습니다. 나다운 인생을 찾기 위해 주체적으로 행동하자 백마 탄 왕자 같던 남성의 존재가 점점 작아졌던 것입니다. 그녀는 "지금은 남자보다 제 삶의 방식을 구축하는 게 더 재미있어요"라고 이야기했습니다.

그녀는 자신만의 삶의 방식을 실현하기 위해 프리랜서로 일할 수 있는 자격이나 기술을 취득하기로 결정했습니다.

"앞으로는 여러 곳으로 여행도 가고 싶고, 제 일정을 자유롭게 결정하고 싶고, 여러 사람과 만나며 살고 싶어요. 이렇게 제가 좋아하는 게 뭔지 찾다 보니, 상담사님처럼 일하고 싶다는 생각이 들었어요. 그런데 상담 일은 힘들어 보이니 일단은 지금까지 경험해 온 마케팅 기술이나 저의 인맥을 살릴 수 있는 길을 찾아보기로 했어요. 그렇게 생각하니 믿을 수 없을 정도로 가슴이 뛰고 열정이 점점 끓어오르는 게 느껴져요."

꿈을 이야기하는 그녀의 모습은 전보다 훨씬 반짝반짝 빛이 났습니다. 부모와 자식은 거리가 가까운 만큼 서로 큰 영향을 주고받습니다. 이 사례처럼 어른이 되면 더 이상 영향을 받지 않는다고 생각했지만 알고 보니 보이지 않는 곳에서 여전히 부모의 그늘에 갇혀 있었다는 이야기를 많이 듣습니다. 오히려 그렇지 않은 사람이 거의 없을 정도입니다.

물론 부모의 영향이 모두 나쁘다고 할 수 없습니다. 그러나 자신의 인생을 스스로 결정하지 못하게 만드는 속박이라면 벗어나야 합니다. 속박을 깨달을 때마다 의식적으로 벗어나려고 노력해야 합니다. 우리는 수백, 수천 장의 베일을 두르고 있습니다. 그 베일을 차근차근 벗다 보면 나를 속박하는 것들에서 완전히 벗어날 수 있게 될 것입니다.

마음 정리가 안 되면
생기는 문제

이번 사연은 몇 년째 사귀고 있는 남자 친구와의 결혼 문제로 고민하는 여성의 이야기입니다. 이 여성은 오래전부터 남자 친구와 빨리 결혼해서 아이를 낳고 가족을 이루고 싶다는 바람이 있었습니다. 하지만 남자 친구는 결혼 이야기를 꺼낼 때마다 "때가 되면 제대로 청혼할게"라고 대답하며 그녀를 애타게 만들었습니다.

그러다 얼마 뒤에 떠난 둘만의 여행에서 남자 친구에게 드디어 청혼을 받았습니다. 그녀는 너무나 기다렸던 말을 듣고 순간 환희의 감정을 느꼈습니다. 그런데 잠시 후 예상치 못한 일이 일어납니다. 그토록 원했던 순간인데 그녀의 입에서 "좋아"가 아니라 "잠, 잠깐만"이라는 말이 튀어나온 것입니다. 그녀는 패닉에 빠지며 생각했습니다.

'내가 지금 무슨 말을 한 거지? 계속 결혼하고 싶었잖아. 지금이 그 순간인데 왜 이러는 걸까. 당연히 좋다고 말해야 하는 거 아냐?'

당연히 청혼을 받아 줄 거라고 생각했던 남자 친구도 '어?' 하는 표정을 지으며 굳어 버렸습니다.

"놀라서 그래? 생각지도 못한 대답이라 당황스러웠어."
"나, 나도 지금 내가 무슨 말을 한 건지 모르겠어. 하지만 미안해. 조금만 생각할 시간을 줄래? 나도 내가 왜 이러는지 정말 모르겠어."

자상한 남자 친구는 "알겠어. 기다릴게"라고 말해 줬지만 여행 내내 기분이 안 좋아 보였다고 합니다. 그녀 역시 혼란스러운 마음이 좀처럼 정리되지 않아 그날 밤은 잠을 이룰 수 없었죠. 두 사람은 여행에서 돌아온 후 조금 멀어졌습니다. 평소처럼 주말을 함께 보내기도 했지만 어색한 분위기는 계속됐습니다.

그녀는 빨리 결정을 내려야겠다는 생각이 들었습니다. 그래서 저의 상담실을 찾아오게 된 것입니다.

결정을 해야 뭐라도 하지

잠재의식의
깊은 영역을 확인하라

결정하지 못하는 상태는 '머리와 마음이 일치하지 않는 상태'입니다. 지금까지 소개한 사례들은 스스로 결정했지만 마음은 납득하지 못한 사람들의 이야기였습니다. 이런 사람들은 마음과 머리가 서로 다른 방향을 향하고 있는 괴리를 경험합니다. 그 이유는 마음의 소리에 귀 기울이지 않았기 때문입니다.

스스로 결정하지 못하거나, 결정했어도 타인의 말을 들으면 금세 자신감을 잃는 사람들은 내 마음보다 타인의 말에 민감하게 반응해서 이런 일을 겪습니다.

그녀는 진심으로 남자 친구와 결혼하고 싶었고 실제로도 그가 청혼할 때까지 기다렸습니다. 그러나 잠재의식 깊은 곳에서는 완벽하게 결정하지 못한 상태였나 봅니다. 우리의 잠재의식은 매우 깊어서 얕은 영역과 깊은 영역으로 나눠 생각해야 합니다.

얕은 영역은 비교적 현재 의식에 가깝고 욕구, 바람, 분노 등 의식하기 쉬운 강한 감정을 느낍니다. 현재 의식에 가깝기 때문에 머리로 의식하기 쉽습니다. 반면 깊은 영역은 과거의 다양한 체험으로 생긴 감정이 수납된 곳으로 공포와 죄책감처럼 쉽게 의식하기 어려운 감정을 느낍니다. 이 사례의 경우, 잠재의식의 얕은 영역에서는 '남자 친구와 결혼하고 싶다. 빨리 청혼해 줘!'라고 말하지만 깊은 영역에서는 '결혼은 무섭다. 정말 청혼하면 어떡하지?'라는 마음이 숨어 있었을지도 모릅니다. 저는 혼란스러워하는 그녀에게 말했습니다.

"마음을 정리해야겠네요. 마음속에 너무 많은 생각이 쌓여 있으면 결정했다고 생각해도 다 결정하지 못한 부분이 남아 있어요."

이럴 땐 마음속에 있는 여러 가지 감정을 토해 내야 합니다. 잠재의식은 감정이나 감각과 마찬가지로 '마음'의 영역입니다. 마음을 정리해야 더 깊이 숨어 있는 속마음을 들여다볼 수 있습니다.

부정적 감정이 만든
결정 불가 상태

그녀의 부모님은 그녀가 고등학생 때 이혼했습니다. 그녀는 늘 사이가 나쁜 어머니와 아버지 사이에서 중재하는 일이 많았다고 합니다. 그래서인지 그녀는 다른 사람들과 인간관계를 맺을 때도 자주 '중재자' 역할을 맡았습니다.

그리고 자주 다투는 부모님을 보고 자라면서 '아이에게 나쁜 기억을 심어 주지 않도록 부모는 늘 사이좋게 지내고, 평온하고 따뜻한 가정을 만들어야 한다'는 확고한 가치관도 생겼습니다. 그러던 중 직장에서 만난 남자 친구를 보며 '이 남자라면 꿈꾸던 가정을 만들 수 있겠다'는 생각이 든 것입니다.

그러나 잠재의식의 깊은 영역에서는 불안, 분노, 죄책감이 소용돌이 치고 있었습니다.

'부모님도 실패했는데 내가 화목한 가정을 만들 수 있을까?'
'우리 부모님은 왜 행복한 가족이 돼 주지 못했을까?'
'나는 결국 부모님과 가정을 지키지 못했어.'

힘든 마음을 털어놔야 하는 이유

잠재의식 깊은 곳에 숨은 마음을 알게 된 그녀는 부정적인 생각을 점점 털어놓기 시작했습니다. 상담을 진행하면서 그녀는 결혼에 관한 불안과 공포를 글로 적고, 부모님 때문에 괴롭고 외로웠던 기억을 말로 표현하는 연습을 했습니다. 지금껏 의식하지 않았던 결혼과 가족에 대한 부정적인 생각과 직면하기 위해서 말이죠.

그녀는 남자 친구에게 자신이 처한 상황을 이야기하고 이해를 구하는 것도 잊지 않았습니다. 그러자 남자 친구는 "그렇구나. 이번에는 내가 기다릴게. 지금까지는 내가 너를 너무 오래 기다리게 했잖아"라고 대답했다고 합니다. 서로의 감정을 사실대로 털어놓고 정리해 나가자 이들의 유대감은 더 강해졌습니다.

그녀는 화목한 가정을 꿈꿨기 때문에 늘 남자 친구와의 관계를 지키려고 애썼습니다. 그래서 불만이 생겨도 늘어놓지 않았고 부정적인 감정도 가능한 한 혼자 해결했습니다. 그런데 자신의 감정을 솔직하게 털어놓자 마음이 한결 편해졌고 그를 더 신뢰할 수 있게 됐습니다. 남자 친구도 달라진 그녀를 보고 속마음을 털어놨습니다.

"너는 불만이나 화를 거의 드러내지 않고 늘 밝기만 해서 좀 이상하다고 생각했어. 그런데 너도 힘든 감정들을 안고 있었구나. 네 속마음을 알고 나니까 오히려 마음이 놓여."

그녀는 남자 친구의 말을 듣고 지금까지 너무 혼자서 애써 왔다는 사실을 깨달았습니다. 그 순간 몸에 힘이 쭉 빠지면서 자신도 모르게 "정말 이런 나라도 괜찮아?"라고 물었다고 합니다. 남자 친구는 미소를 지으며 이렇게 대답했습니다. "물론이지!"

마음속에서 여러 가지 감정이 울컥 올라온 그녀는 그날 처음으로 남자 친구 앞에서 오열했습니다. 스스로도 놀랄 만큼 많은 눈물이 터져 나온 것입니다. 그와 동시에 어렸을 적 부모님이 싸울 때마다 두려움에 떨었던 기억, 부모님이 사라질까 봐 무서워서 이불을 뒤집어쓰고 혼자 울었던 기억, 아무것도 하지 못하는 자신의 무력감을 통감하고 자책했던 기억이 연이어 떠올랐다고 합니다.

그녀는 그제서야 확신할 수 있었습니다. 자신을 따뜻하게 안아 주는 남자 친구를 보며 '그래, 이 사람과 결혼해도 되겠어'라고 말이죠.

뭐라도 하고 싶다면
치열하게 생각하라

　사람들은 중학교를 졸업하면 고등학교에 가고, 고등학교를 졸업하면 대학교에 갑니다. 대학교의 졸업이 가까워지면 취직을 준비하고 회사에 들어가 일을 합니다. 이 과정에서 입시에 실패하거나, 좋은 학점을 받지 못해 졸업이 늦어지거나, 취직의 문턱을 넘지 못해서 초조해지는 등 여러 가지 사건이 일어나죠.

　당신은 혹시 이 과정을 무의식적으로 걸어오진 않았나요? 대학교에 입학하기 전에 '어떤 분야를 깊게 배우고 싶다'거나, '장래에 이 일을 하고 싶다' 같은 명확한 이유가 있었나요? 취직 준비는 정말로 하고 싶은 일을 하기 위한 첫걸음이었나요? 진심으로 납득해서 결정했나요? 혹시 이렇게 생각하고 있지는 않나요?

'특별히 하고 싶은 일도 없고 꿈도 뚜렷하지 않다. 정신을 차려 보니
여기까지 왔다.'
'도대체 나는 뭘까? 나는 대체 뭘 하고 싶은 걸까?'

이런 의문이 고개를 들어도 답을 찾지 못한 채 지금에 이르지는 않았
나요? 우리는 여태까지 다른 사람들이 깔아 둔 레일 위를 의심 없이 걷
다가 '지금'에 이르게 된 걸지도 모릅니다.

남들이 하라는 대로 하다간
후회할 게 뻔하다

저의 이야기로 이 장을 끝맺으려 합니다. 사실 저 역시 이미 만들어진
레일 위를 그저 걷기만 했습니다. 부모님이 원하는 고등학교에 들어갔
고 성적에 맞는 대학교에 입학했습니다. 그리고 특별히 하고 싶은 일 없
이 대학원에 진학했습니다. 단지 취직에 유리하고, 아직 사회에 나갈 준
비가 되지 않았다는 이유로 내린 결정이었죠.

막연하게 '컨설턴트가 되고 싶다'는 목표는 있었지만 제대로 계획 한

번 해 보지도 않고 내정된 회사에 취직했습니다. 하지만 그렇게 취직한 회사에서 큰 벽에 부딪히게 됩니다. 당시 스물다섯 살 정도로 사회 경험이 적었던 저는 업무에서 좀처럼 성과를 내지 못했습니다. 그러자 이런 철학적인 질문을 자주 하게 됐습니다.

'나는 어떤 사람일까? 대체 뭐가 하고 싶은 걸까? 나는 어떻게 살고 싶은 걸까?'

인간관계도 어려워지자 결국 휴직을 선택했습니다. 머릿속에는 스스로가 비참하고 한심하다는 생각으로 가득했으며 하루하루를 자책하며 보냈습니다. 부모님과 회사의 기대를 배신하고 피해를 끼쳤다는 죄책감을 느꼈습니다. 그로 인해 좌절했으며, 미래가 보이지 않아 불안감에 시달렸습니다.

인생을 다시 돌이켜 볼 수 있는 계기였지만 당시의 저는 한 치 앞도 보이지 않는 암흑 속에 빠진 것처럼 절망스러웠습니다. 무기력하고 가라앉은 일상을 보낼 수밖에 없었죠. 그 후 복직을 하고 주어진 업무를 해내긴 했지만 적극적으로 일하고 싶은 마음은 전혀 없었습니다.

하지만 늘 곁에 있어 준 저의 배우자 덕분에 저는 심리학과 진지하게 마주할 수 있었습니다. 지금까지의 성장 과정을 되돌아보고 제 자신을 알아 가며 마음을 치유하는 동안 심리학을 깊이 공부하고 싶은 마음이 생긴 것입니다.

다만 당시에는 심리 상담이 잘 알려지지 않았고, 심지어는 종교로 오해받는 시대였습니다. 심리학으로 먹고살 수 있겠다는 확신은 전혀 들지 않았지만 저는 스스로를 들여다보며 얻은 이 깨달음 덕분에 버틸 수 있었습니다.

'이대로 회사 생활을 계속하는 건 나와 어울리지 않아.'

인생을 헤매게 만드는
생각의 정체

회사를 그만둬야겠다고 결심했지만 사실 일 자체가 싫지는 않았고 선배, 상사, 동료도 모두 좋은 사람들이었습니다. 다만 저는 회사의 본질적인 구조에 의문을 품고 있었습니다.

"왜 매일 같은 시간에 같은 곳에서 일해야 할까? 왜 열심히 해도 열심히 하지 않아도 월급은 똑같은 걸까?"

회사원이 적성에 맞는 사람에게는 고마운 시스템이지만 제게는 갑갑하고 이해할 수 없는 특징이었습니다. 어쩌면 자영업자였던 저의 부모님과 친척의 영향 때문일지도 모르겠습니다. 저의 아버지는 업무에 문제가 생기면 한밤중에도 회사에 나가 평일, 주말 할 것 없이 일을 하시곤 했습니다. 자영업은 일하는 시간이 자유롭고 매달 수입이 달라 불안정하지만, 사업이 잘될 때는 훨씬 많은 돈을 벌 수 있었습니다.

이런 아버지를 보고 자란 저는 '여러 곳에서 일하고 싶다', '일정은 내가 결정하고 싶다', '같은 일을 계속 하면 금세 질린다', '보수는 성과에 따라 받아야 의욕이 생긴다'고 생각하는 사람이 된 것입니다. 그래서 저는 남들이 깔아 둔 레일을 벗어나 새로운 길을 걷기로 결심했습니다.

안전함이 오히려
불안을 가져온다

오랫동안 당연하다는 듯 교육 과정에 올라타 하고 싶지 않은 일, 미래의 일을 생각하지 않고 취직한 사람이 레일을 벗어나려면 상상 이상으로 큰 용기가 필요합니다. 저는 회사에 사표를 쓰고 일주일 뒤 그것을 번복한 경험이 있습니다. 막상 그만두려니 불안감이 엄습했고, 퇴직 이후의 삶을 상상할 수 없었기 때문입니다.

하지만 생각하면 할수록 회사에 소속돼 사는 것은 제게 너무나 괴로운 일이었고 저답지 않게 느껴졌습니다. 그래서 1년 후 다시 사표를 냈습니다. 퇴직한 다음 날 제 마음은 하늘을 나는 것처럼 가벼웠습니다. 그만큼 갑갑한 생활에 제 자신을 밀어 넣고 살아온 것입니다.

저는 서른 살에 저만의 길을 걷기 시작했습니다. 하고 싶은 일을 하면서 나답게 살자며 '스스로' 결정했습니다. 그 이후 저는 몇 가지 꿈을 이뤘습니다. 상담사로서의 생활이 주가 되는 것, 심리학 강사가 되는 것, 100명 이상의 사람들 앞에서 상담을 진행하는 것, 그리고 책을 내는 것까지 말이죠.

나다운 인생을 살기로 마음먹자 숨어 있던 꿈을 하나둘 발견하고 이뤄 나갔습니다. 이룬 꿈은 또 다른 꿈을 가져오기도 했습니다. 예를 들면 전국 이곳저곳을 여행하며 세미나를 하는 것, 내가 쓴 책이 베스트셀러가 되는 것, 나를 뛰어넘는 우수한 제자를 육성하는 것으로 말이죠. 지금도 저는 하고 싶은 일이 많고 계속 꿈꾸고 있습니다.

지금의 교육 시스템은 좋은 점도 있지만 꽉 막힌 면도 있습니다. 장래를 그다지 깊게 생각하지 않아도 학교가 진로 결정과 취직을 도와줍니다. 그러나 시스템에서 한번 이탈하면 미래의 가능성이 확 좁아지는 것이 현실입니다. 물론 지금은 옛날보다 훨씬 선택지가 늘어났고 자신에게 맞는 길을 더 고르기 쉬워졌다고 생각합니다.

이 교육 시스템은 안전하고 신뢰할 수 있지만 거기에 지나치게 의지하면 내가 어떤 사람이고, 무엇에 의미를 느끼며, 어떤 재능이 있는지, 또 어떤 삶의 방식이 잘 맞는지 생각하지 않고 사회에 내던져집니다. 그러다 보면 20대 후반, 30대, 40대에 걸쳐 이런 고민을 반복하며 길을 헤매게 될 것입니다.

'내 인생은 이대로 괜찮을까? 정말 내가 하고 싶은 건 뭘까?'

그래서 자기 자신을 들여다보고 자신의 인생을 스스로 결정하는 일이 중요합니다.

1장은 여기까지입니다. 다른 사람들의 이야기를 읽고 자신을 돌아볼 수 있었나요? 지금쯤 당신의 의식은 당신의 내면을 향하고 있을 것입니다. 자신을 자세히 들여다볼 수 있게 됐다면 2장에서 '당신이 결정하지 못하는 이유'를 더 흥미롭게 읽어 나갈 수 있을 것입니다.

내 결정에 확신 더하기 1단계

◇ 누구나 지금까지 주체적으로 결정했다고 생각했는데 실은 그렇지 않았던 일이 있습니다. 그것부터 깨달아 봅시다.

◇ 결정하는 순간 부모님의 영향이 얼마나 작용한다고 생각하나요? 영향이 있다는 전제하에 어느 정도인지 생각해 보세요.

◇ 평행 세계가 존재한다고 가정하고 다른 사람이 깔아 둔 레일에서 벗어난 나를 상상해 봅시다. 그런 '나'는 어떤 인생을 걷고 있을까요?

◇ 나도 모르게 제한된 선택을 하고 있지는 않나요? '이 정도면 부모님도 만족하겠지', '이 정도면 상사가 도장을 찍어 줄 거야'라는 마음이 숨어 있지는 않은지 생각해 보세요.

◇ 나도 모르게 내 가능성을 정해 놓고 있지는 않나요? '나한테는 이 정도가 어울려'라는 마음이 숨어 있지는 않은지 생각해 보세요.

◇ 어린 시절 남의 눈치를 보지 않던 당신의 모습 그대로 어른이 됐다면 지금 어떤 인생을 살고 있을까요?

◇ 타인의 간섭을 과도하게 이해하려고 하지는 않나요? '다 너를 위해서야'라는 말에 사로잡혀 있지는 않은지 생각해 보세요.

◇ 당신의 마음과 머리가 일치하는 결정을 내렸나요? 쉽게 결정하지 못하는 이유는 스스로 납득하지 못했기 때문입니다.

2장

나는 언제부터
우유부단한 사람이 됐을까

내가 결정 못하는 이유 찾기

결정하지 못하는 나를 발견하면 그다음은 '왜 결정하지 못하는지'를 생각해야 합니다. 자신을 더 깊게 들여다보는 것이죠. 어린 시절에는 누구나 내 감정이 우선이고 마음 가는 대로 살아갑니다. 하지만 어른이 돼 가면서 이성이 작용하자 자유롭게 생각하지 못하게 됩니다.

스스로 결정하지 못하는 사람은 타인의 반대에 금세 자신감을 잃은 나머지 자신을 희생하고 타인을 지나치게 우선하는 경향이 있습니다. 타인의 목소리에만 귀를 기울이고 내 마음의 목소리를 듣지 않습니다. 이런 사람들도 아이였을 땐 자기 자신을 우선하고 자신의 감정에 충실했습니다. 그러나 성장하면서 타인 중심으로 사는 경험을 하게 되고, 그것이 버릇이 돼 쭉 타인 중심으로 살게 되는 것입니다.

결정하지 못하는 원인만 알아도 스스로 결정하는 섬과 한 걸음 가까워집니다. 자신의 과거를 들여다보는 작업은 괴로운 기억을 떠올리게 해 때로는 마음에 부담을 줍니다. 그럴 땐 무리해서 앞으로 나가지 말고 잠깐 책을 덮어도 좋습니다. 그리고 심호흡을 하세요.

괜찮습니다. 당신을 얽매고 있는 과거도 다 털어 낼 수 있을 것입니다.

모든 일에
하나의 정답만 있다는 생각

당신이 스스로 결정하지 못하는 이유는 시대의 탓일지도 모릅니다. 지금은 인터넷 덕분에 전 세계의 정보를 순식간에 얻을 수 있습니다. 인간관계 역시 SNS를 이용하면 실제로 만나지 않아도 다양한 사람과 교류할 수 있습니다. 지금은 가치관이 점점 다양해지고 하나의 정답이 아니라 수많은 정답이 공존하는 시대라고 할 수 있습니다.

예를 들어 예전에는 좋은 대학을 졸업하고 대기업에 입사하면 얼마든지 출세할 수 있었습니다. 그저 시키는 일만 성실히 해도 경험이 쌓이고 연봉이 올랐기 때문입니다. 집과 자동차를 소유할 수 있었고 퇴직금과 연금으로 노후를 대비할 수 있었기 때문에 비교적 마음 편히 살 수 있던 시대였죠. 그러나 지금은 시대가 바뀌었습니다.

요즘은 대기업도 안전하지 않습니다. 평생 한곳에서 일한다거나, 열심히만 일하면 연봉이 오른다는 건 다 옛날이야기입니다. 이제는 이직해서 몸값을 올리는 경우가 많아졌고 자신의 발전을 위해 회사를 옮기는 일이 상식으로 자리 잡았습니다. 또 프리랜서로 활동하는 사람도 많고 사무실이 따로 없는 회사도 있습니다. 통근이 필수였던 옛날과 달리 지금은 인터넷만 있다면 어디서든 일할 수 있는 시대입니다.

부업을 인정하는 회사도 점점 늘고 있습니다. 제 지인은 회사의 허락을 받고 컨설턴트와 세미나 강사 일을 병행하고 있습니다. 최근 들어 유튜버처럼 10년 전에는 존재하지 않았던 직업도 늘고 있습니다. 낯설게 느껴지겠지만, 지금은 어엿한 직업으로 인정받는 심리 상담사도 옛날에는 '그런 걸로 먹고살 수 있을 리 없다'는 말을 들었습니다.

직업뿐만 아니라 가족의 형태도 점점 변화하고 있습니다. 사실혼은 이미 정착했지만 별거혼이나 주말혼도 점점 늘고 있습니다. 남편보다 아내의 수입이 더 많은 부부도 적지 않습니다. 이혼율도 높아지고 있어 '부부는 한 지붕 아래에서 함께 살아야 한다', '집안일과 육아는 아내가 해야 한다'는 상식도 점점 낡은 말이 되고 있습니다. 교육 시스템도 대안 학교처럼 국가가 인정하는 여러 가지 선택지가 늘고 있습니다.

결정을 해야 뭐라도 하지

지금은 나에게 충실해야
성공하는 시대

신형 코로나 바이러스 감염이 확대되면서 우리는 일뿐만 아니라 삶의 방식도 다시 생각해야 했습니다. 우선 재택근무가 장려되면서 '회사에 가서 열심히 일하면 되는 시대'는 끝났습니다. 출퇴근에서 해방된 경험이 계기가 돼 앞으로도 재택근무를 원하는 사람이 늘어났기 때문입니다. 그리고 사람들은 집에서 보내는 시간이 많아지자 이런 고민을 하기 시작합니다.

'어떻게 하면 집에 있는 시간을 충실히 즐길 수 있을까?'

나아가 가족과의 거리감이 줄어들어 새로운 문제가 생긴 사람도 있는가 하면, 가족의 소중함을 다시 한 번 실감한 사람도 많습니다. 어쩌면 이 감염증의 출현이 우리에게 무엇이 중요하고 무엇이 중요하지 않은지를 알려 주고 있는지도 모릅니다.

우리는 선택지가 적으면 갑갑해서 괴롭고 너무 많으면 혼란스러워서 괴롭습니다. 수많은 정답이 공존하는 시대인 만큼 자신이 하고 싶은 일과 삶의 방식을 찾지 못하는 사람, 타인에게 휘둘려서 괴로운 사람이 많을 것입니다. 하지만 역으로 자신에게 맞는 방식으로 살아갈 수 있는 훌륭한 시대가 왔다고도 할 수 있습니다.

일단 꾹 참고 시키는 일만 하면 되는 시대는 언뜻 행복해 보이지만 자신이 정말로 하고 싶은 게 뭔지 성찰할 틈도 없이 악착같이 일해야 합니다. 그러다 죽기 직전에 '이런 인생을 살아서 다행이었을까' 하고 후회하지 않을까요?

지금은 이런 철학적인 질문을 좀 더 이른 단계에서 생각할 수 있는 시대입니다. 스스로 결정하지 못해서 고민이라면 진정한 행복의 한 걸음 앞에 와 있다고 생각해 보세요. 이는 매우 중요한 일입니다. 죽을 때가 돼서야 '사실은 이게 하고 싶었어'라며 후회하면 안 되잖아요?

결정을 해야 뭐라도 하지

자기 기준에
설득력이 떨어지는 사람

20년이 넘는 시간 동안 총 2만 명 이상을 상담하며 확신한 것이 있습니다. 주변 사람이 반대를 하거나 전례가 없어도 자기 뜻을 밀고 나가는 사람이 더 행복한 삶을 산다는 점입니다.

선택지가 적었던 과거에는 어느 곳에든 자신을 맞출 수 있는 '처세술'과 '인내심'이 필요했습니다. 그러나 선택지가 무수해진 현 시대는 인내심보다 '내 뜻을 관철하는 강인함'이 요구됩니다. 이런 힘이 있어야 행복한 삶을 살 수 있습니다. 과거의 데이터에서 이론적인 답을 얻는 것은 이제 인공 지능도 할 수 있습니다. 그러니 마음 가는 대로, 스스로 결정을 내려야 합니다.

'정답' 대신
'납득'을 요구하는 시대

나의 뜻을 관철하려면 흔들리지 않는 기준을 가져야 합니다. 저는 상담을 할 때나 강연을 할 때마다 "타인 중심이 아니라 자기중심으로 살아갑시다"라는 말을 자주 합니다.

반복해서 이야기하지만, 지금은 타인이 정한 올바름이 아니라 내가 진심으로 납득할 수 있는 기준에 따라 사는 사람이 행복해질 수 있는 시대입니다. 타인의 기준에 따라 살면 답이 너무 많아져 스스로 결정할 수 없게 됩니다.

이제는 남들과 똑같은 길을 선택하는 것이 반드시 정답이라고 말할 수 없습니다. 제가 학교를 다닐 땐 '우리 학과를 졸업한 사람은 모두 IT 회사에 들어갔으니 나도 그렇게 해야지'라는 생각이 당연했습니다. 하지만 지금은 '그래도 나는 회사원이 적성에 안 맞으니까 사업을 해야지'라며 스스로 판단하고 결정해야 하는 시대입니다.

자신의 일을 스스로 결정하는 사람이 된다는 것은 매우 가치 있는 일입니다. 일, 가정, 돈, 라이프 스타일이 너무나도 다양해진 시대일수록 더더욱 내 마음이 편한 방향을 선택할 수 있는 '스스로 결정하는 힘'이 필요한 것입니다.

결정을 해야 뭐라도 하지

자기긍정감을
점검하라

지금까지는 시대에 관한 이야기를 하며 나의 기준으로 살아가는 것의 중요성을 짚어 봤습니다. 스스로 결정하기 위해서는 나의 기준 외에 한 가지 더 중요한 것이 있습니다. 바로 '자기긍정감'입니다.

자기긍정감이 낮으면 주변 사람의 말에 휘둘리며 스스로 결정할 수 없게 됩니다. 따라서 이 책에서 제안하는 활동은 모두 내 기준을 되찾고 자기긍정감을 높이기 위한 것입니다.

혹시 당신도 주변 사람의 반대에 금세 자신감을 잃지는 않나요? 그렇다면 그 이유는 아마 자기긍정감이 낮아서일 것입니다. 자기긍정감이 낮으면 있는 그대로의 나를 인정하지 못하고 스스로를 부정하거나 혐오하게 됩니다. 예를 들어 자기긍정감이 낮은 사람은 A와 B라는 선택지 중에서 A를 결정하더라도 마음속에서 계속 '아무래도 B가 낫지 않을까' 하는 생각이 떠오릅니다.

자기긍정감이 낮은 사람은 일단 자신의 선택을 부정합니다. 갈등 끝에 선택을 바꾸더라도 '아니지, 그래도 A가 좋지 않을까' 하며 또 한 번 부정적인 생각이 고개를 듭니다. 이처럼 부정적인 생각이 계속 반복되기 때문에 쉽게 결정할 수 없는 것입니다.

자기긍정감이 낮다는 것은 자신감이 없다는 뜻입니다. 그래서 내 선택이 정말 괜찮은지, 혹시 잘못된 선택은 아닌지 끊임없이 의심합니다. 주변 사람에게 비판적인 말을 듣기라도 하면 금세 자신감을 잃고 결정을 미루게 됩니다. 그러다 제한 시간이 임박해 '에라 모르겠다' 하고 선불리 결정하고, 그 후에 '정말 괜찮을까?' 하는 의문이 스스로를 괴롭히는 것입니다.

결정의
2가지 의미

결혼, 이혼, 퇴직, 출산, 집 구매 등 인생의 기로에 서서 결단을 망설이는 많은 분들이 제게 상담을 받으러 옵니다. 사회적으로 '여성성'이라고 일컫는 특징이 풍부한 사람은 결정할 때 갈팡질팡하곤 합니다. 남편과 이혼할지 말지 고민하던 한 여성은 "아침에 일어나면 오늘은 이혼하자고 마음먹지만 저녁 무렵이 되면 다시 생각이 바뀌면서 어느 한쪽을 택하지 못해요"라고 말합니다. 언제까지고 갈팡질팡하며 고민하는 스스로에게 염증을 느낀다고 하는데, 그 이유는 이 여성이 '감정이 풍부한 사람'이기 때문입니다.

반면 사회적으로 '남성성'이라고 일컫는 특징이 지배적인 사람은 문제를 논리적으로 받아들이기 때문에 결정은 신속하게 내립니다. 하지만 그 후 행동으로 옮기기까지 갈팡질팡하는 경우가 많습니다. 많은 직장인이 '더 이상 지금 다니는 회사에서 일할 수 없겠다'고 생각해서 이직을 결심하지만 곧장 행동으로 옮기지는 못합니다. 일이 너무 바쁘기 때문일 수도 있지만 '더 좋은 회사를 찾을 수 있을까?', '혹시 지금보다 월급이 적으면 어떡하지?' 등등 여러 가지 걱정 때문에 결정을 해도 행동하지 못하는 것입니다.

왜 이런 일이 반복되는 걸까요? 그 이유를 이해하려면 '결정'의 두 가지 의미를 알고 이 두 가지가 서로 일치하지 않으면 우리는 행동할 수 없다는 규칙이 있음을 깨달아야 합니다.

머리와 마음을 일치시켜라

'결정한다'는 것을 심리학적으로 살펴볼까요? 1장에서 조금 설명했지만 지금부터 이야기할 내용은 굉장히 중요하기 때문에 좀 더 자세히 설명하려 합니다.

우리의 마음은 '현재 의식'과 '잠재의식'으로 이뤄져 있습니다(정확하게는 '무의식'도 있는데 이 책은 심리학 전문서가 아니므로 생략합니다). 현재 의식이란 사고나 이성 등 머리로 생각하거나 스스로 인식할 수 있는 의식을 가리킵니다. 반면 잠재의식이란 평소에는 의식하지 못하지만 어떤 계기가 있으면 떠올릴 수 있고, 꼭 의식하지 않더라도 우리의 생각과 행동에 영향을 주는 영역입니다.

즉, 현재 의식은 '사고', 잠재의식은 '감정 혹은 감각'이라고 이해하면 쉽습니다.

'결정'은 현재 의식에 따른 결정과 잠재의식에 따른 결정, 이 두 가지로 나눌 수 있습니다. 한마디로 '머리로 하는 결정'과 '마음으로 하는 결정'입니다. 이 두 가지 결정이 일치하지 않으면 우리는 행동하지 못합니다. 혹시 이런 경험을 한 적 없나요?

'더러운 책상을 정리해야 하는데 하기 싫어.'
'오늘까지 과제를 제출해야 하는데 마음이 어지러워서 집중이 안 돼.'
'다이어트 중인데 나도 모르게 군것질을 해 버렸네.'

그렇습니다. 전부 머리로는 알고 있지만 행동으로 옮기지 못하는 상황입니다. 현재 의식(사고)은 '책상 주변을 정리해야 해', '과제를 해야 해', '살을 빼야 해'라고 생각하지만 잠재의식(감정 혹은 감각)이 '귀찮아', '싫어'라고 생각해서 갈등이 발생합니다.

머리가 결정해도 마음이 결정하지 못했기 때문에 실제로 행동하지 못합니다. '아무것도 할 수 없는 상태'가 되는 것입니다.

결정을 해야 뭐라도 하지

말만 하고
행동하지 못하는 까닭

앞서 말했듯이 우리의 마음속에는 '남성성'과 '여성성'이라 불리는 부분이 있습니다. 이것은 남성과 여성의 특징을 구분하려는 이야기가 아니라는 점을 말씀드립니다. 각각 사회적으로 일컫는 '남성스러움'과 '여성스러움'을 드러내는 요소로, 이 균형이 인간의 개성을 만듭니다.

예를 들어 생물학적 성별은 여성이지만 '남성적인' 일을 척척 해내는 사람이 있습니다. 심리학의 세계에서는 이런 여성을 '남성성이 강한 여성'으로 표현하기도 합니다.

일반적으로 '남성성'이 우위인 사람은 남녀를 불문하고 이성적으로 생각하는 경우가 많습니다. 그리고 '여성성'이 우위인 사람은 감정적이고

감각적으로 생각하는 경우가 많습니다. 즉, 전자는 생각을 잘하고 후자
는 느끼는 것을 잘합니다.

사고를 우선하는 사람
감정을 우선하는 사람

남성성이 우위인 사람과 여성성이 우위인 사람이 A와 B 둘 중 하나를
결정해야 하는 상황을 가정해 보겠습니다.

사고를 우선하는 사람의 생각

'A와 B 둘 중 어느 쪽을 골라야 이점이 있을까?'

'어떻게 하는 것이 더 효율적일까?'

'어느 쪽이 정답일까?'

사고를 우선하는 사람은 이처럼 이론적으로 생각하기 때문에 결론을
쉽게 내릴 수 있습니다. 그래서 비교적 제대로 된 근거도 있습니다. 사
고를 우선하는 사람은 자신에게 이점이 더 많은 쪽으로 빠르게 결정하
는데, 예를 들어 이직할 회사 때문에 고민하는 중이라면 이렇게 생각할
것입니다.

결정을 해야 뭐라도 하지

'A가 급여 조건이 더 좋군. 앞으로 우리 아이의 교육비가 많이 들 테니 급여가 더 많은 쪽이 좋겠어.'

이들은 사고적이기 때문에 감정에는 별로 의식을 기울이지 않습니다. 그래서 머리로는 금세 결정해도 마음속에서는 '아니야!' 하며 갈팡질 팡하고 행동하지 못하는 경우가 있습니다. 그래서 결정을 한 뒤에도 이 러쿵저러쿵하게 되는 것입니다.

이직을 결심해도 잠재의식에서 여러 가지 저항이 발생합니다. 그러다 보면 말로만 이직을 결심하고 전혀 행동하지 않는 '내'가 탄생하는 것입니다. 그래서 '말과 행동이 일치하지 않는다'는 지적을 많이 받습니다.

감정을 우선하는 사람의 느낌

감정을 우선하는 사람은 A와 B라는 선택지가 있을 때 이론적으로 생각하기보다는 '느낌'이 더 나은 쪽을 고릅니다. 지금 자신의 기분이 A를 원하면 당장은 A가 좋다고 생각합니다. 그러나 감정은 늘 바뀌는 법이라 잠시 후에는 '역시 B가 좋으려나' 하고 갈등하기 시작합니다.

이들은 결과적으로 A와 B 사이에서 계속 갈팡질팡합니다. 머리로는 A가 좋다고 생각해도 감정은 결정을 내리지 못했기 때문에 계속해서 이러쿵저러쿵하게 됩니다.

결정하고도 이러쿵저러쿵하는 사람은 머리는 결정했지만 마음은 결정하지 못해서 갈등합니다. 결정할 때까지 갈팡질팡하는 사람은 마음이 내키지 않으면 결정한 것이 아니기 때문에 갈등합니다. 둘 중 어떤 경우에 속하든 결국 말만 하고 행동하지 못하는 것은 똑같습니다.

결정하지 못하는 인간의 5가지 유형

자, 이렇게 결정에는 두 가지 의미가 존재한다는 이야기를 살펴봤습니다. 지금부터는 '당신이 결정하지 못하는 이유'를 다섯 가지 유형으로 알아보려고 합니다.

"생각이 너무 많아서 결정을 못 한다" 사고 우위 유형

첫 번째는 생각을 너무 많이 하는 유형입니다. 이들은 이런저런 생각이 너무 많아서 쉽게 결정하지 못합니다. 이들의 머리가 멋대로 생각하는 이유는 다양한 '두려움' 때문입니다.

실패가 두려운 사람은 실패하지 않는 방법을 열심히 생각합니다. 설령 결론을 내려도 두려움이 사라지지 않으면 그 답을 완전히 믿지 못하고 생각을 바꿉니다. 갈팡질팡하다가 어떤 결론도 내리지 못하고 생각만 계속하는 것입니다.

이들은 생각함으로써 두려움을 회피합니다. '잘 안 되면 어떡하지?'라는 두려움을 피하고자 기분을 속이려 하는데, 그러기 위해 생각을 시작하는 것입니다.

'A를 해야 할까? 아니야, A는 아닌 것 같아. 그럼 B일까? B도 아닌 것 같은데. 아, 어떡하지….'

결국 이들이 계속 생각하는 진짜 목적은 A와 B 중 하나를 결정하는 것이 아니라 '두려움을 회피하는 것'입니다. 두려움을 회피하는 게 목적인 셈이니 답이 나와 버리면 오히려 곤란해집니다. 따라서 굉장히 많은 생각을 하게 됩니다. 이것은 이들이 바라는 상황이기도 합니다.

생각이 너무 많은 사람은 '나도 아는데'라는 말을 입에 달고 삽니다. 그러나 '아는 것'과 '결정하는 것'은 완전히 다릅니다. 이들은 알아도 두려움 때문에 무의식적으로 결정을 회피하곤 합니다.

"실수하면 어떡하지?" 완벽주의 유형

완벽주의 유형은 어떤 결정을 내릴 때 무의식적으로 '완벽한 성공을 보장하는 답'을 추구합니다. 이들은 실수나 실패를 두려워하고 수치스럽게 여기는 경향이 있습니다. 이들은 리스크 때문에 늘 망설입니다.

그러나 뭔가를 결정할 때 100퍼센트 확실한 선택이란 존재하지 않습니다. 그런 게 있다면 사람들은 아무런 고민도 없겠죠. 완벽한 답을 추구하면 당연히 아무것도 결정할 수 없게 됩니다.

이런 사람들의 선택은 100대 0처럼 명확하지 않아서 고민을 낳을 수밖에 없습니다. 설령 한쪽을 택하더라도 택하지 않았던 쪽을 아쉬워하고 후회합니다. 이들은 후회하는 상황이 무서워서 쉽게 결정하지 못합니다. 하지만 스스로 결정하는 사람이 되려면 완벽해야 한다는 생각을 버려야 합니다.

"뭐가 정답일까?" 정답주의 유형

혹시 당신은 정해진 답에 집착하지 않나요? 정답주의자는 완벽주의자와 비슷한 면이 있는데, 이들처럼 '올바른 답'을 추구하는 버릇이 있으면 쉽게 결정을 내리지 못하기 마련입니다.

시험 문제에는 정답이 존재하지만 인생은 그렇지 않습니다. 살면서 맞닥뜨리는 문제의 정답은 한 가지가 아닙니다. 수백, 수천 가지일 수도 있고 심지어 정답이 없는 경우도 있으니까요.

정답에 집착하면 무수히 존재하는 정답들에 휘둘릴 수밖에 없습니다. 이들은 "저는 이 상황에서는 이렇게 하는 게 맞다고 생각하는데 정말 그럴까요?"라고 말하며 정답 맞추기를 시작하거나 "이 상황에서 어떻게 말하는 게 정답일까요?"라며 다른 사람에게 정답을 요구합니다. 이들에게 내가 어떻게 하고 싶은지는 중요하지 않습니다.

'머리가 생각하는 정답'과 '마음이 생각하는 정답'이 일치하지 않는 경우가 많습니다. 예를 들어 회사에서 기분 나쁜 일을 겪고 연인과 말다툼을 한 경우입니다. 머리로는 상대방에게 괜히 화풀이한 자신의 모습을 알고 있지만 실제로는 오히려 상대방의 태도를 지적하면서 '다른 식으로 말할 수 있었잖아'라며 화를 냅니다. 머릿속에는 '사과해야 한다'는 정답이 있지만, 마음의 정답과는 일치하지 않기 때문입니다.

"나는 착한 아이다" 우등생 유형

집에서는 부모님 말을 잘 듣는 착한 아이, 학교에서는 우등생이었던 기억 없으신가요? 우등생 유형은 무의식중에 '이렇게 해야만 해', '이렇게 해서는 안 돼'라는 이상에 휘둘릴 때가 많습니다. 이들은 자신이 정말로 바라는 것보다는 '지금은 이쪽을 택해야겠지' 하는 생각에 휘둘립니다. 이 역시 마음과 머리가 바라는 것이 달라서 쉽게 결정하지 못하는 것입니다.

이전에 결혼 문제로 상담을 받으러 온 한 여성이 우등생 유형이었습니다. 사귄 지 3년 정도 된 남자 친구가 있었는데, 처음에는 그가 너무 좋았지만 사귀는 기간이 길어질수록 그녀의 마음은 식어 갔습니다. 가

결정을 해야 뭐라도 하지

치관과 성격 차이가 점점 불거져서 다툼도 늘었습니다. 하지만 점점 결혼할 나이가 다가오고 주변 사람들에게 '결혼은 언제 해?' 같은 질문을 자주 듣자 머릿속으로는 '이 남자랑 헤어지고 마음에 드는 사람과 또 만날 수 있다는 보장도 없지'라는 계산까지 하게 됐습니다. 얼마 뒤 그녀는 남자 친구에게 청혼을 받았습니다. 그 순간 순순히 '좋다'고 말하지 못하는 자신의 모습을 깨달았습니다.

그녀는 늘 착한 아이로 살아왔습니다. 부모 입장에서는 키우기 쉬운 아이였고, 학교 선생님들에게는 훌륭한 학생이었습니다. 그래서였는지 그녀는 늘 주변 사람의 기대에 부응하려고 애썼습니다. 이번에도 남자 친구에게 청혼을 받자 '3년이나 사귀었고, 주변 사람들도 그를 좋은 사람이라고 말하고, 부모님도 어서 결혼하기를 원하니까 이 사람과 결혼해야 할까?'라고 생각했지만 왠지 모를 위화감이 들었다고 합니다.

"마음 가는 대로 선택하면 될 것 같은데요. 혹시 남자 친구를 별로 안 좋아하는 건 아닌가요? 이대로 결혼하면 후회할 확률이 꽤 높을 것 같은데요?"

저의 말에 그녀는 고개를 끄덕였습니다. 상담을 마친 후에도 그녀의 고민은 계속됐습니다. 그리고 여러 번의 상담 끝에 그녀는 자신의 마음을 알아차리고 남자 친구와 헤어질 수 있었습니다.

"갈등이 싫다" 평화주의자 유형

평화주의자 유형은 앞서 이야기한 우등생 유형과 비슷한 점이 있는데, 평소 인간관계에서 중재자 역할을 할 때가 많습니다. 평화주의자 유형은 다음과 같은 특징을 갖고 있습니다.

- 주변 사람의 의견을 듣고 공정하게 판단하려고 한다.
- 자신의 의견을 말하지 않고 모두의 의견을 듣고 판단하려고 한다.
- 애초에 자신의 의견이 별로 없다.
- 자기주장을 잘 못해서 주변에 맞추는 경향이 있다.
- 의견을 밀어붙이지 못한다.

이들은 싸움을 좋아하지 않는 '평화주의자'입니다. 자신의 의견을 묵살해서라도 모두가 만족하는 결론을 이끌어 내고자 합니다. 혹시 자기가 의견을 주장해서 다른 사람과 대립하게 되면 어찌 할 바를 모르기 때문입니다.

평화주의자 유형은 설령 자기가 원하지 않더라도 자기주장이 강한 사람의 결정에 따르려 합니다. 그래야 상황이 원만하게 수습되기 때문입니다. 오히려 자신이 결정해야 하는 입장이 되면 곤란을 겪습니다.

결정을 해야 뭐라도 하지

여러분도 그런 경험이 있을지 모르지만 직장에 갈등을 싫어하는 상사가 있으면 참 곤란합니다. 의견을 취합하는 것은 잘하지만 중요한 결론을 내려야 하는 상황이 오면 결정을 미뤄서 일의 진척이 더뎌지기 때문이죠.

갈팡질팡하는 행동에
숨은 감정

여기까지 읽고 눈치챈 분도 있으리라 생각합니다. 결정을 잘 내리지 못하는 사정에는 '두려움'이 숨어 있다는 것을요. 이를테면 실수할까 봐 두려워서 머리로 너무 많은 생각을 하고, 완벽한 답을 추구하고, 정답을 확인받고자 합니다. 자신의 실수 때문에 주위에 민폐를 끼치거나 주변 사람에게 비난받는 것이 두렵기 때문입니다.

두려움을 더 깊이 들여다보면 또 다른 두려움이 숨어 있기 마련입니다. 이번에는 결정하지 못하는 원인이 될 수 있는 두려움의 여러 가지 얼굴을 살펴보겠습니다. 이 중 당신이 가진 두려움은 어떤 얼굴을 하고 있는지 알아보세요.

결정을 해야 뭐라도 하지

두려움① 잘못된 결단 때문에 실패하는 것의 두려움

'잘못된 결단을 내려서 실패하면 어떡하지?' 하는 두려움입니다. 옷을 잘못 골라서 자신에게 전혀 어울리지 않는 옷을 산 경험이나 경영상 잘못된 결단을 해서 순조롭던 프로젝트를 실패로 돌아가게 한 경험처럼 '결정' 너머에 있는 '결과'가 바람직하지 않을 때 우리는 큰 충격과 실망감, 자기혐오, 죄책감을 느낍니다. 실패에 대한 두려움 때문에 실수를 두려워하고 결국 결정하지 못하게 됩니다.

두려움② 실수 때문에 큰 손실이 발생하는 것의 두려움

내 결정 때문에 누군가가 손해를 입는다면? 그리고 내가 책임져야 한다면? 아마 무서워서 결정할 엄두조차 내지 못할 것입니다. '이 사람과 결혼해서 내 인생은 정말 엉망진창이 됐어' 같은 결말은 그 누구도 원하지 않기에 결혼을 망설이는 사람이 많습니다. 잘못된 선택을 했을 때 상정되는 손실이 크면 클수록 결정을 주저하게 됩니다.

두려움③ 비웃음을 사거나 바보 취급을 당하는 것의 두려움

어렸을 적 선생님의 질문에 잘못된 답을 해서 친구들에게 비웃음을 당한 경험 없나요? 인간은 타인에게 비웃음을 당하거나 바보 취급을 당하는 데 두려움을 느끼기 마련입니다. 그래서 어떤 일을 결정할 때 지나치게 신중해지거나 무난한 결론을 내리곤 합니다. 주변 사람의 눈을 지나치게 의식하는 이유에는 이런 두려움이 크게 기여하고 있습니다.

두려움④ 상대방을 실망시키는 것의 두려움

당신의 선택 때문에 상대방이 실망할 가능성이 있다면 결정에 강한 두려움을 느끼기 쉽습니다. 인간은 다른 사람의 기대에 부응하고 싶어 합니다. 기대에 응하지 못하면 스스로에게 실망합니다. '저 사람의 기대를 저버려선 안 된다'며 부단히 노력하는 사람들에게는 바로 이런 두려움이 결정하지 못하는 가장 큰 원인입니다.

두려움⑤ 책임에 대한 두려움

결정하지 못하는 사람이 가진 대표적인 두려움, 그 마지막은 '책임'에 대한 저항입니다. 내가 결정한 일이 성공하지 못하면 내가 책임져야 한다는 두려움이 생깁니다. 또 그에 대한 배상, 사죄, 주변 사람의 비난과 분노, 실망감을 생각할수록 결정을 회피하고 싶어집니다.

책임에 대한 저항은 회사의 방향성을 결정하는 중대한 결단을 내릴 때나 연인과의 주말 데이트에서 함께 볼 영화를 고를 때도 일어납니다. 실제로 대기업의 부정 사건이 일어났을 때 경영진이 책임 소재를 얼버무리는 장면을 종종 목격할 수 있죠.

어떤 입장에 있든 누구나 책임을 지고 비판받고 싶지 않은 심리가 작용하기 마련입니다.

책임지고 싶지 않은
인간의 심리

흔히 '책임은 무거운 것'이라는 인식이 있지만 심리학에서는 책임을 조금 다른 방식으로 바라봅니다. 바로 '책임은 지는 것이 아니라 지고 싶지 않은 것'으로 말이죠.

예를 들어 당신이 주도하는 프로젝트가 있다고 합시다. 이 프로젝트는 당신이 정말 성공시키고 싶어서 부단한 노력을 기울이고 있습니다. 그런데 당신에게는 프로젝트 팀을 구성하거나 예산을 사용할 결재권이 없습니다. 이 권한은 당신의 상사가 쥐고 있어서 당신이 팀원을 새로 선발하거나 샘플을 제작하기 위해 견적을 받고 싶으면 상사의 도장이 필요합니다. 이런 경우에 처했다면 당신이 프로젝트에 적극적으로 임할수록 스트레스를 느끼지 않을까요? 경우에 따라서는 자신이 회사의 신뢰를 받지 못한다고 느낄지도 모릅니다.

결재권은 책임의 또 다른 표현입니다. 프로젝트에 어떤 문제가 생겼을 때 그 책임이 오롯이 결재자에게 있기 때문입니다. 그렇기 때문에 당신이 열정적으로 임하고 싶은 일이 있다면 몸소 책임을 져도 좋다고 생각할 것입니다. 다시 말해서 '책임'이라는 말은 '적극적이다'라는 의미를 내포합니다.

2장에서는 당신이 결정하지 못하는 원인을 살펴봤습니다. '시대'에 대한 이야기부터 '나의 기준', '자기긍정감'에 대한 이야기, 그리고 결정하지 못하는 인간 유형에는 무엇이 있고 이들이 가진 두려움은 어떤 것들인지 알아봤습니다. 결정하지 못하는 사람은 이런 원인들이 복합적으로 얽혀 있습니다. 3장에서는 이 원인들을 하나씩 벗어던지고 나의 기준을 확립하는 첫걸음을 내딛어 보겠습니다.

내 결정에 확신 더하기 2단계

◇ 수많은 정답이 공존하는 시대에서 나만의 삶의 방식을 찾아보세요.

◇ 당신의 자기긍정감은 어느 정도인가요? 있는 그대로의 나를 인정하고 믿을 수 있어야 스스로 결정하는 사람이 될 수 있습니다.

◇ 당신이 결정하지 못하는 이유를 적어 보세요. 이것은 3장에서 당신이 '버릴 것'이기도 합니다.

◇ 머리로는 알지만 행동하지 못하는 일이 있나요? 평소에 인식하지 못했던 잠재의식, 즉 '마음'으로 결정할 때입니다.

◇ 당신이 결정하지 못하는 이유는 무엇일까요?

◇ 당신이 두려워하는 것은 무엇일까요?

◇ 만약 당신이 '결정을 잘하는 사람'이 된다면 당신의 인생은 어떻게 바뀔 거라고 생각하나요? 자유롭게 상상해 보세요.

3장

확신이 부족할 때
확인해야 할 9가지

결정을 방해하는 강박 버리기

누구나 미움받고 싶지 않고, 실패하고 싶지 않다는 두려움을 갖고 있습니다. 다만 스스로 결정하지 못하는 사람 중에는 이 두려움이 굉장히 강하고 늘 불안한 사람이 많습니다. 2장에서 이야기한 완벽주의나 이상주의는 '미움받지 않아야 한다', '실패하지 않아야 한다'는 생각이 습관으로 굳어진 결과입니다. 말하자면 자신을 지키기 위해 껴입은 갑옷인 셈입니다. 결정하지 못하는 당신은 이 갑옷 때문에 움직이기가 쉽지 않습니다.

3장에서는 이 갑옷을 하나씩 벗어던집니다. 스스로 결정하지 못하는 사람은 타인의 기준으로 생각하는 버릇이 있어서 지나치게 타인에게 맞추곤 합니다. 그래서 내 인생인데 '내가 없는' 상태에 빠집니다. 하지만 정확히 말하면 '내가 없는' 것이 아니라 '내가 보이지 않는' 상태입니다.

지금부터 할 일은 자신을 속박하던 갑옷을 벗어던지고 진정한 나를 만나는 것입니다. 이것은 자신만의 기준을 세우기 위해 굉장히 중요한 작업입니다. 오늘은 구체적인 활동이 중심이라 조금 무겁게 느껴지는 부분도 있을지 모르지만 전부 다 할 필요는 없습니다. 당신에게 해당하는 부분들에 주목하고 형편에 맞게 진행하면 됩니다.

높은 기준에 나를 끼워 맞추는 '이상주의'

혹시 '~해야 한다'는 말을 입버릇처럼 하지 않나요? '이렇게 해야만 한다, 해서는 안 된다'라는 생각으로 만들어지는 것이 바로 이상주의입니다. 이상주의는 우리가 가장 먼저 벗어던져야 하는 강박입니다.

인간이라면 누구나 자기가 되고 싶은 이상적인 기준을 갖고 있기 마련입니다. 이상이 있으면 훌륭하다고 평가받기도 합니다. 2장에서 소개했던 결정하지 못하는 여러 유형의 인간들 역시 자기만의 이상을 갖고 있을 것입니다.

그러나 이상이 지나치게 강하면 '이상주의'가 생기는데, 이게 꽤 성가신 존재입니다. 이상주의는 '이상적인 상태'에 늘 자기 자신을 끼워 맞추려는 주의입니다.

'입사 6년 차니까 후배를 가르치는 일도 열심히 해야 해.'
'상사의 기대가 크니까 나름의 성과를 내야만 해.'
'어엿한 어른인데 냉정하게 행동해야 해.'

이런 마음이 자신의 마음 깊은 곳에서 솟아올랐다면 인생의 좋은 원동력이 되지만 다른 사람들에 의해 심어진 것이라면 오히려 부담으로 작용하고 스스로를 부정하는 씨앗이 됩니다. 그래서 다른 사람의 의견에 지나치게 민감해지고 자기 의견을 관철하지 못하는 경우가 잦아집니다.

이처럼 이상주의가 지나치면 현재의 자신을 부정하고 자기긍정감은 현저하게 떨어질 수밖에 없습니다. 회사에서 아무리 좋은 실적을 내고 주변 사람에게 좋은 평가를 받아도 자신감을 얻지 못하는 것입니다.

이상주의가 심한 사람들은 언제나 자신의 능력 이상으로 성과를 내려고 애쓰기 때문에 금방 지칩니다. 이상주의는 엄격한 부모 아래에서 자라거나, 주변으로부터 비정상적으로 큰 기대를 받으며 자라거나, 명성 있는 대학을 나오거나, 자존심이 센 사람에게서 특히 많이 발견됩니다. 이들은 무엇이든 늘 열심히 해서 좋은 성과를 내지만, 정작 본인은 너무

나도 큰 괴로움을 겪고 있는 경우가 많습니다.

이런 이상주의를 버리려면 어떻게 해야 할까요? 이상주의를 버리는 몇 가지 방법을 소개하겠습니다.

이상주의를 버리는 4가지 방법

첫 번째, '나는 ~을 하고 싶다', '나는 ~을 한다'와 같이 '나'를 주어로 두고 생활합니다.

'나는 지금 와인이 마시고 싶다.'
'나는 지금 비스트로에 간다.'
'나는 지금 무엇이 하고 싶을까?'

두 번째, 다음 문장을 외울 수 있을 정도로 반복해서 읽습니다.

'나는 다른 사람의 기대에 부응하지 못해도 사랑받고 있다.'
'있는 그대로의 나도 사람들에게 사랑받는다.'
'형편없는 내 모습을 보여도 미움받지 않는다.'

'나는 더 이상 열심히 하지 않아도 괜찮다.'

세 번째, '이래야만 한다'고 생각하는 것을 종이에 적고 하나하나 구겨서 휴지통에 버립니다.

네 번째, 크게 심호흡하고 발바닥에 집중하며 '땅에 발이 붙어 있는 상태'를 느껴 봅니다. 이상주의자는 늘 자신의 능력 이상으로 애를 쓰기 때문에 구름 위에 있는 것처럼 붕 뜬 기분으로 있기 쉽습니다. 그래서 의식적으로 '땅에 붙어 있는 상태'를 느끼면 마음이 차분해지고 자기 자신과 마주하기 쉬워집니다.

어떤 일도 편히 할 수 없는 '완벽주의'

결정이 어려운 사람에게 완벽주의만큼 성가신 것은 없습니다. 완벽주의자는 '제대로 해야 한다'는 말을 입버릇처럼 하면서 옷차림, 화장, 방, 사무실 책상뿐만 아니라 말투나 사고방식, 걷는 방식까지 완벽해야 한다고 생각합니다. 과도한 완벽주의는 늘 자기 자신을 감시하고 제대로 하지 않은 것을 지적하는 존재입니다. 그래서 갑갑하고 자유롭지 못한 방식으로 살게 됩니다.

우리는 모든 것을 완벽하게 해낼 수 없습니다. 화장이나 패션이 완벽해 보이는 사람도 알고 보면 방이 아주 지저분할 수 있고, 말투나 행동은 똑 부러지는데 머리 매무새에는 관심이 없는 사람도 있습니다. 누구나 완벽하지 않은 구석이 있습니다. 그러니 인간은 완벽할 수 없는 존재라고 말해도 좋을 것입니다. 그럼에도 완벽주의자들은 자신의 완벽하지 않은 부분을 늘 검열하기 때문에 자기혐오가 심하고 자기긍정감도 낮아지기 쉽습니다.

완벽주의자들에게 결정하는 행위는 굉장히 큰 사건입니다. 제대로 된 완벽한 답을 도출해야 하기 때문입니다. 누군가에게 조금이라도 반대를 당하거나 비난을 받으면 '역시 안 되겠어' 하며 앞으로 나아가지 못합니다.

완벽주의를 버리면 자기 자신을 옥죄고 있는 '제대로 해야 한다'는 족쇄가 끊어지고 마음에 여유가 찾아옵니다. 그렇게 되면 분명 더 넓은 시야로 결정할 수 있을 것입니다.

그럼 완벽주의를 버리는 몇 가지 방법을 살펴보겠습니다.

완벽주의를 버리는
5가지 방법

첫 번째, '나는 완벽하지 않아도 사랑받는다', '완벽하지 않은 나도 용서받는다'라고 스스로에게 여러 번 이야기합니다.

두 번째, 옷차림이나 화장, 헤어스타일에 의식적으로 허점을 만듭니다. 예를 들어 셔츠의 제일 윗 단추를 풀고 하루를 지내 보는 것처럼 일부러 완벽하지 않은 부분을 만듭니다. 처음에는 너무 신경 쓰일지 모르지만 반복하다 보면 서서히 익숙해질 것입니다.

세 번째, 오늘 할 수 있는 일만 오늘 하는 습관을 들입니다. '지금 할 수 있는 것을 한다'는 의식을 갖고 할 수 있는 것과 할 수 없는 것을 구분합니다. 그리고 할 수 있는 것만 시작합니다. 예를 들어 아침에 일어나 집안일을 시작하기 전에 '오늘 할 수 있는 일'을 구체적으로 적고 하나씩 실천합니다. 점심시간과 저녁 무렵에 리스트를 체크하고 '오늘 할 수 없는 일'로 판단되는 것들은 삭제해 나갑니다. 평일에 실천하기 어렵다면 휴일에 실천해도 좋습니다.

네 번째, 가능한 한 여유롭게 행동합니다. 이를테면 약속 시간 15분 전에 도착해 보거나 1시간 안에 할 수 있는 일을 2시간 동안 해 보는 식입니다.

다섯 번째, 과감하게 방을 정리해서 불필요한 것을 버립니다. 완벽주의자들은 완벽하게 할 수 없다면 하지 않는 경향이 있습니다. 그래서 방 정리에 손도 대지 않는 경우가 많다고 합니다.

방 정리가 어렵게 느껴진다면 회사 책상 위나 업무에 사용하는 컴퓨터에서 필요 없는 파일을 삭제해 보는 일부터 시작해 봅니다.

틀에 박힌 사람이 되는
'정답주의'

정답주의란 어떤 일을 결정할 때 '무엇이 옳은가'라는 질문에 얽매이는 상태입니다. 완벽주의와 비슷한 면이 있지만 완벽주의자는 '자신의 기준에서 완벽한 것'이라는 주관적인 기준으로 판단하는 반면 정답주의자는 객관적으로 옳은지를 판단합니다. 물론 완벽주의자의 주관적인 기준 역시 성장 과정에서 타인에게 주입당한 경우가 많습니다.

정답주의자들의 머릿속은 학교 시험 등의 영향으로 '정답은 하나'라는 생각이 깊게 뿌리 내리고 있습니다. 단 하나의 정답을 이끌어 내기 위해 아주 많이 생각하지만 오랫동안 결정하지 못합니다. 이들은 틀리는 것을 두려워하고 부끄러워하기 때문입니다.

그러나 우리가 사는 사회에는 무수히 많은 정답이 존재합니다. 그리고 어떤 시대에서는 정답이었지만 다른 시대에서는 정답이 아닌 것처럼 과거의 성공 법칙이 통용되지 않을 때가 많습니다. 다이어트 방법도 그 예가 됩니다. 새로운 다이어트 방법은 계속해서 쏟아져 나옵니다. 만약 누구나 다이어트에 성공할 수 있는 유일한 방법이 존재한다면 다른 방법은 모두 도태됐을 것입니다.

자, 그럼 이런 정답주의에서 벗어나는 몇 가지 방법을 소개하겠습니다. 정답주의에 해당하는 분은 꼭 실천해 보세요.

정답주의를 버리는 4가지 방법

첫 번째, 매일 생각날 때마다 '정답은 무한하다. 틀려도 좋다'고 외쳐 봅니다. 예를 들어 집에서 역까지 혹은 역에서 회사까지 가는 동안 중얼중얼 되뇌는 것입니다.

두 번째, 일부러 실수를 해서 지금까지 알지 못했던 것들을 경험해 봅시다. 예를 들어 집으로 돌아갈 때 일부러 잘못된 길, 잘못된 지하철을 이용하거나 약속 시간보다 30분 일찍 도착해 봅니다.

세 번째, 하나의 명제에 두 가지 이상의 답을 찾습니다. 예를 들어 '백신은 효과가 있는가'라는 명제를 보고 '효과가 있다'는 의견과 '효과가 없다'는 의견을 모두 찾아봅니다. 또 카레 요리를 다양하게 시도해 보고 방법은 달라도 모두 맛있다는 사실을 실감해 보는 것입니다.

네 번째, 일단 해 보기로 결정하고 생각나는 것은 모두 실행합니다. 예를 들어 레시피를 보지 않고 어떻게든 맛있게 요리를 완성하거나, 목적지까지 가는 경로를 스마트폰으로 검색하지 않고 스스로 생각하거나, 점심이나 저녁 식사를 할 레스토랑을 인터넷으로 검색하지 않고 점포의 규모만 보고 골라 봅니다.

이처럼 일상에서 일부러 정답을 찾지 않고 행동합니다. 이것은 정답주의를 버리는 가장 실천적인 방법입니다. 무엇이 정답인지 알 수 없으므로 일단 잘될 거라는 생각으로 닥치는 대로 시도해 보고, 이렇게 해도 일이 잘 풀린다는 것을 몸소 체험합니다.

내 진짜 모습을 지우는
'우등생 콤플렉스'

저는 상담을 하면서 우등생 콤플렉스를 겪는 분을 자주 만납니다. 열심히 노력하기 때문에 훌륭한 학력과 이력을 자랑하지만 왠지 모르게 자신감이 없고 장래를 고민하고 있는 분이 적지 않습니다. 다음은 우등생 콤플렉스를 겪는 사람의 특징입니다. 당신은 몇 가지나 해당하는지 확인해 보세요.

- 주변 사람에게 폐를 끼치지 않으며 살아왔다.
- 분위기를 파악하고 그 상황에 요구되는 말과 행동을 한다.
- 부모님에게 '키우기 쉬운 아이', '손이 많이 가지 않는 아이'라는 말

을 들었다.
- 돌이켜 보면 형제를 의식해서 내 감정을 참았다.
- 선생님이 늘 내게 중재자 역할을 맡겼다. (학급 위원 등)
- 나의 감정보다는 주변 사람의 의견이나 감정을 우선했다.
- 어떤 장소의 분위기를 어지럽히기 싫어하는 평화주의자 같은 구석이 있다.
- 소위 일류라 불리는 고등학교, 대학교, 회사를 택했다.

겉으로는 야무진 것 같아도
알고 보면 자기 인생이 없는 우등생들

부모님이나 선생님, 친구들 등 주변 사람의 기대를 저버리지 않기 위해 그들이 바라는 길을 걷는 것은 그만큼의 실력이 필요한 대단한 일입니다. 하지만 한편으로는 '자기 자신'을 잃어버릴 위험이 있습니다.

좌절한 경험이 있는 사람은 그 길을 벗어나 나다운 인생을 택할 수 있지만 실패를 경험한 적이 없는 사람은 어른이 되면서 자신이 정말로 하고 싶은 것이나 바라는 인생을 볼 수 없게 됩니다.

우등생으로 살아온 사람은 처세에 능하기 때문에 자신의 의견보다도 주변의 의견을 존중하는 경향이 있습니다. 그 배경에는 '나는 괜찮아'라는 생각이 깔려 있습니다. 그래서 자신의 일을 스스로 결정한 것 같아도 사실 주변의 기대에 따라 살아온 경우도 있고, 애초에 주체적으로 결정을 내리지 못하는 경우도 있습니다. 이들은 자기도 모르게 주변 사람의 상태를 살피고 최적의 답을 이끌어 내려는 버릇이 있습니다. 최적의 해결 방법이 어쩌다 자신의 뜻과 일치할 때도 있지만 보통은 그렇지 않은 법입니다.

우등생 콤플렉스 유형은 자신이 힘들더라도 자신에게 기대하는 주변 사람을 실망시키거나 슬퍼하게 하는 일을 굉장히 싫어합니다. 하지만 그로 인해 때로는 갑갑함을 느끼고, 자기 자신이 존재하지 않는 인생을 걷기도 합니다. 주변 사람의 의견을 과도하게 중시하기 때문에 우등생 콤플렉스 유형에게 스스로 결정하기란 매우 힘든 일입니다.

이처럼 우등생 같은 삶의 방식을 버리려면 어떻게 해야 할까요? 다음의 방법을 실천해 보세요.

우등생 콤플렉스를 버리는 4가지 방법

첫 번째, '나는 전혀 괜찮지 않다'고 여러 번 소리 내어 말해 봅니다.

결정을 해야 뭐라도 하지

두 번째, '지금 나는 어떻게 하고 싶은가? 지금의 나는 무엇을 원하는 가?'라는 물음을 일상적으로 던져 봅니다. 처음에는 아무런 대답이 나오지 않아도 괜찮습니다. 의식적으로 내가 주체가 돼서 생각하다 보면 무의식적으로 주변의 기대에 부응하려고 할 때 '이건 내가 하고 싶은 일이 아니다' 하며 깨달을 수 있습니다.

세 번째, 지금까지 주변 사람의 기대에 어떻게 부응했는지를 떠올려보고 그것을 적어 봅니다. 예를 들어 중학교 입시 시험을 아버지의 뜻대로 준비했던 일, 선생님과 친구들의 기대를 저버리지 않기 위해 반장이 된 일 등등 크고 작은 모든 일을 적어 봅니다.

물론 전부 다 타인의 기대에 부응하기 위해 한 행동은 아니겠지만, 적어도 자신이 어떤 방식으로 누구를 위해 애써 왔는지를 실감할 필요가 있습니다.

네 번째, 'No'라고 확실하게 말하는 연습을 합니다. 혹시 지금까지 내키지 않는 일이나 권유에도 'Yes'를 외치지 않았나요? 당신이 응하고 싶지 않은 요청이라면 확실히 'No'라고 대답하는 습관을 들여 보세요.

순식간에 거절을 잘하는 사람이 되기는 어렵습니다. 그러므로 '내가 거절해도 지장이 없는 의뢰'나 '내가 아니라도 담당할 수 있는 사람이 있는 업무'부터 실천해 보는 것도 좋습니다. 또한 모든 요청을 거절하기 어렵다면 '다섯 번에 한 번' 정도로 거절의 빈도를 정해 본다면 좀 더 실천하기 쉬워질 것입니다.

평화주의를 가장한
'방임주의'

　평화주의자는 자신의 의견이나 생각은 말하지 않고 모두가 만족하는 결론을 이끌어 내는 사람입니다. 주변 사람의 이야기를 듣고 중재자 역할을 짊어지기 때문에 대개는 인망이 두텁거나 인기가 있지만 자신의 의견은 거의 표현하지 않기 때문에 한편으로는 '무슨 생각을 하는지 모르겠다'거나 '뭘 하고 싶은지가 분명하지 않다'는 평가를 받기도 합니다. 다시 말해서 내가 없는 상태인 것입니다.

　모두가 만족하길 원하기 때문에 주변 사람의 의견을 전부 들으려고 하지만 이는 불가능한 일입니다. 사람마다 의견은 제각각이고 당연히 누군가에게 반대를 당할 때도 있는 법인데, 이들은 모두를 만족시킬 수 없다는 생각 때문에 결정을 계속해서 미루곤 합니다. 알고 보면 평화주의를 가장한 방임주의인 것입니다.

모두의 의견이 일치하는 선택을 찾는 시도는 매우 중요하지만 자기 자신을 상실하면서까지 중재를 도맡는다면 불안하고, 갑갑하고, 자신감이 결여된 인생을 걷게 될 것입니다. 이들은 모두에게 사랑받는 한편 갑갑함을 느끼며 살아가기 때문에 주변 사람들의 사랑을 온전하게 수용하지 못한다는 특징이 있습니다.

이처럼 평화주의를 가장한 방임주의를 버리고 나다운 결단을 내리려면 어떻게 해야 할까요?

방임주의를 버리는 4가지 방법

첫 번째, 의식적으로 내 감정에 솔직해져 봅니다. '나는 ~하고 싶다', '나는 ~하고 싶지 않다', '나는 ~를 좋아한다', '나는 ~를 싫어한다'처럼 말이죠. 이때 주어를 확실하게 '나'로 정해서 말하도록 합니다.

두 번째, 자신의 의견을 확실하게 갖고 있고, 그것을 주장할 수 있는 분야는 없는지 생각해 보세요. 모든 상황에서 중재자 역할을 하고 있진 않을 것입니다. 예를 들어 누군가에게 내가 좋아하는 아티스트를 소개해야 한다면 나만의 의견이 있고 나다운 모습으로 이야기할 수 있다고 생각합니다. 또한 회의처럼 여러 사람과 함께 작업할 땐 있는 그대로의 나를 드러낼 수 없지만, 혼자 서류를 정리할 땐 나만의 방식으로 의견을 분명하게 말할 수 있습니다.

세 번째, 내가 좋아하는 사람, 소중하게 여기는 사람, 사랑하는 사람, 감사하는 사람에게 편지를 씁니다. 좋아하는 생각, 감사하는 마음, 그리고 그 사람의 존재가 나를 지탱하고 있다는 느낌 등을 편안하게 적어 봅니다. 편지를 실제로 상대방에게 전달하지 않아도 좋습니다. 자유롭게 쓸 수 있다면 그걸로 충분합니다.

네 번째, 혼자만의 시간에 이름을 붙이고 그 시간만큼은 내 마음대로 보내는 것을 스스로에게 허락해 봅니다. 밤새 좋아하는 영화를 원 없이 보거나 먹고 싶을 것을 마음껏 먹는 등 혼자만의 시간을 실컷 즐기는 경험이 쌓이면 타인과 함께할 때도 자신을 쉽게 드러낼 수 있게 됩니다.

무엇이든 열심히 하는
'과도한 열정'

결정하지 못하는 사람들과 이야기하다 보면 사람은 정말 좋은데 어딘가 서툴게 느껴지는 구석이 있습니다. 바로 무엇이든 열심히 하기 때문입니다. 이는 계속해서 액셀을 밟고 달리는 자동차로 비유할 수 있는데, 매우 위험하고 취약한 상태입니다.

인생을 열심히 산다는 것은 중요하고 멋진 일입니다. 하지만 '열심히 사는 사람이 멋진 사람이다'라는 말을 '열심히 살지 않으면 멋지지 않다'로 해석하면 이것은 일종의 저주가 됩니다.

너무 열심히 사는 사람은 자신의 상태를 잘 깨닫지 못합니다. 심지어는 '나는 전혀 열심히 하고 있지 않아. 더 열심히 해야 해. 저 사람은 더 열심히 하고 있잖아'라고 생각하며 자신을 점점 궁지로 몰아넣습니다. 이들은 늘 전력으로 달리고 있기 때문에 남들보다 더 쉽게 지칩니다. 그 래서 장거리는 도저히 달릴 수 없습니다. 하지만 애석하게도 인생은 장 거리 마라톤입니다.

한 내담자는 무리하게 휴가를 내서 일주일 정도 동남아시아의 리조트로 여행을 떠났습니다. 그녀는 아침부터 밤까지 피부 관리에 푹 빠졌고 맛있는 밥을 먹고 밤새 잠도 푹 자며 생활했습니다. 그렇게 휴식을 취하다 보니 어떤 깨달음을 얻었다고 합니다.

"제가 얼마나 쓸데없는 곳에 힘을 쏟고 있었는지 알게 됐어요. 열심히 하지 않아도 되는 일을 너무 열심히 해서 정작 열심히 해야 할 땐 연료가 다 떨어지고 없더라고요."

혹시 여러분도 비슷한 경험이 있나요? 무엇보다도 일단 '내가 너무 열심히 하고 있다'고 깨닫는 것이 중요합니다. 그리고 '이럴 땐 힘을 넣으면 좋겠어', '여기에서는 힘을 빼자' 하며 스스로 열정을 조절할 수 있는 사람이 돼야 합니다.

지금부터는 너무 열심히 하는 습관을 버리고 힘을 빼는 몇 가지 방법을 소개하겠습니다.

불필요한 힘을 빼는
5가지 방법

첫 번째, '나는 이미 충분히 열심히 하고 있어. 이 이상 열심히 하고 싶지 않아'라고 10번 말해 봅니다. 이 말이 입버릇이 될 정도로 매일 반복합니다.

두 번째, 스마트폰도, 컴퓨터도, 업무 자료도 없이 카페나 공원, 바, 목욕탕에서 1시간 정도 멍하니 보내는 습관을 들입니다. 이는 '온(on)'에서 '오프(off)'로 전환하는 시간입니다.

세 번째, 일주일에 한 번 정기적으로 피부 관리, 마사지 숍 등을 다니며 강제로 '열심히 하지 않는 시간'을 만듭니다.

네 번째, '이것을 해야만 해'의 '이것'에 관해 생각해 봅니다. 일, 가정, 인간관계, 뭐든 상관없습니다. '오늘 중으로 이 서류를 정리해야 해', '거래처 직원과 다음 주에 약속을 잡아야 해', '세탁물을 찾으러 세탁소에 들러야 해', '집에 돌아가는 길에 달걀과 참기름을 사야 해'처럼 말이죠. 그리고 '사실은 하고 싶지 않아!'라고 바꿔 말해 보세요. '이것을 해야만 해'라는 생각은 그 일을 하고 싶지 않기 때문에 드는 경우가 많습니다.

그러므로 내 속마음에 바싹 다가가는 연습이 필요합니다.

　다섯 번째, 한 달에 하루나 이틀 정도는 '자유로운 날'로 지정합니다. 하루 종일 뒹굴뒹굴해도 좋고, 아침부터 밤까지 집에 틀어박혀 게임을 해도 좋고, 아침부터 케이크를 먹거나 낮부터 술을 마시러 가도 좋습니다. 의도적으로 자신을 느슨하게 만드는 날을 만들어 봅니다.

나를 자책하고 갉아먹는 '두려움'

2장에서 설명했듯이 '혹시 내가 결정해서 실패하면 어떡하지'라는 두려움은 굉장히 강한 제한으로 다가와 점점 결정을 미루게 만듭니다. 두려움은 '잘 안 되면', '실수하면', '누군가에게 폐를 끼치면', '돌이킬 수 없게 되면', '후회하면' 등등 다양한 이유로 나타나죠.

그런데 실패할 가능성은 어떻게 알고 있는 걸까요? 이전에 그런 경험을 했기 때문에? 잘 안 돼서 험한 꼴을 당한 사람을 알고 있어서? 격렬한 비난을 받는 사람의 모습을 봐 왔기 때문에?

이런 직접적 혹은 간접적 경험 때문에 실패할지도 모른다는 두려움을 안고 있다면 이는 '강렬한 자기 부정'으로 볼 수 있습니다. 스스로를 믿지 못하고 '분명 또 실패할 거야', '어차피 또 누군가에게 폐를 끼치겠지'라고 생각하기 때문입니다. 즉, 이전에 실패하거나 누군가에게 폐를 끼쳤던 과거의 자신을 지금까지도 혹독하게 몰아세우는 것입니다.

따라서 우선 과거의 자신을 용서하는 것이 중요합니다. 이미 충분히 자책하고 벌을 주지 않았나요? 그렇다면 '나의 실패는 이제 용서받았다'고 마음에게 말을 건네 보세요. 스스로를 용서한다는 것은 모든 주제에 있어서 중요한 접근입니다. 애초에 두려움이라는 감정은 굉장히 부정적이라서 현실과 상상 속(두려움 속)의 세계를 구별하지 못할 때가 많습니다. 두려움은 이렇게 비유할 수 있습니다.

"두려움은 벽에 투영된 아기 고양이의 그림자를 보고 겁에 질리는 것과 같다."

아기 고양이에게 빛을 쏘면 벽에 그림자가 생깁니다. 이 그림자는 큰 괴물 같은 모습으로 나타나는데, 우리는 벽의 그림자만 보고 두려움을 느끼는 셈입니다. 따라서 두려움과 제대로 마주할 수 있다면(벽이 아니라 그 실태를 바라보면) 생각했던 것만큼은 두렵지 않다는 것을 알 수 있습니다. '나는 무엇을 두려워하는 걸까?', '나는 왜 두려워하고 있는 걸까'라는 질문은 그 실상을 파악하는 데 효과적입니다. 이를 바라보기만 해도 두려움은 크게 줄어듭니다.

이외에 두려움을 버리는 방법을 추가로 소개하겠습니다.

두려움을 버리는
5가지 방법

첫 번째, '실패해도 좋다', '비웃음을 사도 좋다', '후회해도 좋다', '실수로 폐를 끼쳐도 좋다'고 스스로에게 허가를 내립니다. '실패하면 안 된다'고 생각하면 부담이 커집니다. 그러나 그것을 반대로 허용해 버리면 마음에 여유가 생깁니다. 이런 생각을 할 수 있게 됐다면 두 번째 방법으로 넘어갑니다.

두 번째, '실패해도 어떻게든 될 거야', '비웃음을 사도 어떻게든 될 거야', '후회해도 어떻게든 될 거야', '실수해도 어떻게든 될 거야'라고 말합니다. '어떻게든 된다'는 말은 자기 자신을 신뢰하기 위해 꼭 필요합니다. 그리고 자신을 신뢰한다는 것은 자신의 주변 사람을 신뢰한다는 말이기도 합니다. 평소에 첫 번째와 두 번째 방법을 염두에 두면 나에게 가해지는 부담이 서서히 사라지고 어느 순간 더 강해진 나를 발견하게 될 것입니다.

세 번째, 나와 똑같은 결정을 내려서 성공한 사람의 이야기를 찾습니다. 만약 당신이 이직이나 사업을 망설이고 있다면 당신과 비슷한 상황에서 성공한 사람의 이야기를 들으러 가거나 블로그나 책으로 체험담을 읽어 봅니다. 이는 스스로의 선택에 성공의 이미지를 심는 방법으로, '어떻게든 된다'는 생각을 하게 만듭니다. 그러다 보면 두려움은 자연히 사라지기 때문에 결단도 빨라질 것입니다.

네 번째, 내 두려움을 누군가에게 몇 번이고 이야기합니다. 두려움은 감정입니다. 따라서 털어놓는 것만으로 마음이 편안해집니다. 머릿속에서 빙글빙글 생각이 맴돌고 있을 때 두려움이 점점 증폭되는 경험을 해 본 적 없나요? 이때 다른 사람에게 내 이야기를 들어 달라고 요청해 보세요.

주변 사람에게 털어놓기 힘들다면 전문 상담사에게 상담을 요청하는 방법도 추천합니다. '결정하기' 위해서가 아니라 '두려움을 버리기' 위해서 다른 사람과 이야기를 나눠 보세요.

다섯 번째, 자신의 마음을 노트에 적습니다. 저는 이것을 '에어 카운슬링(air counseling)'이라고 부릅니다. 상담을 하거나 누군가에게 자신의 이야기를 털어놓을 수 없는 시간에는 두려움을 노트에 적어 보기를 추천합니다. 저는 내담자에게 이런 요청을 하곤 합니다.

"다음에 저를 만나서 하고 싶은 이야기들을 노트에 적어 보세요."

그렇게 하면 마치 상담을 받는 것처럼 자신의 속마음을 토해 낼 수 있고 마음이 개운해질 것입니다.

수동적인 인간이 되는 지름길 '책임 회피'

결정한 일에는 책임이 발생하는 법입니다. 하지만 2장에서도 이야기 했듯이 책임이란 '지게 되는 것이 아니라 지고 싶지 않은 것'입니다.

책임이 없는 일은 마음이 편하겠지만 긴장감도 없고 의욕도 생기지 않습니다. 반면 책임이 생기면 일을 제대로 대할 수 있게 됩니다.

그렇다고는 하나 책임을 지는 것은 역시 힘듭니다. 귀찮은 일도 많이 생기기 때문에 회피하고 싶은 마음이 생깁니다. 특히 당신이 지금 결정을 앞두고 있는 일이 앞으로의 인생을 좌우할 만큼 중요하거나 주변 사람을 끌어들이는 일이라면 아무래도 신중해질 수밖에 없습니다.

그래서 지금부터는 우리를 수동적으로 만드는 '책임 회피'를 버리기 위한 접근 방법을 몇 가지 소개하려 합니다.

책임 회피를 버리는
2가지 방법

첫 번째, 함께할 동료를 만듭니다. 자신의 의지나 의견을 강력하게 관철하는 모습을 떠올리면 왠지 모를 고독함이 느껴집니다. 게다가 당신이 결정하려는 사안이 인생을 좌지우지하는 큰 주제라면 더더욱 용기가 필요하고 혼자 결정하기가 매우 어려워질 것입니다. 그렇다고 다른 사람의 의견을 너무 많이 들으면 더 결정하지 못하게 됩니다. 그래서 다른 사람에게 의견을 묻는다는 생각보다 동료를 만든다는 생각으로 협력을 구하는 것이 좋습니다.

'도움을 구한다', '협력을 부탁한다', '상담 상대가 돼 달라고 한다' 등의 방법으로 동료를 만드는 것입니다. 최종적으로 결정하는 사람은 당신이겠지만, 내 곁에 함께하는 동료가 있다는 생각만으로도 당신에게 큰 힘이 됩니다.

당신이 이혼하고 새로운 인생을 살 것인지 말 것인지 고민하고 있다고 합시다. 이 고민을 친구나 가족, 심리 상담사 등 동료가 돼 줄 법한 사람에게 하나둘 털어놓습니다. 개중에는 응원해 주는 사람도 있을 것이고 반대하는 사람도 있을 것입니다. 그리고 이혼해서 인생이 잘 풀린 사람과 만나거나, 반대로 이혼을 단념했지만 잘 살고 있는 사람의 이야기를 들어 봅니다. 당신의 불안이 옅어질 때까지 계속해서 동료를 만드는 것입니다. 물론 마지막으로 결정하는 사람은 나 자신이라는 점을 잊지 말아 주세요.

두 번째, 나의 결정으로 생길 수 있는 책임에 대비합니다. 나의 결정으로 생길 수 있는 책임이란 구체적으로 어떤 것들이 있을까요? 예를 들어 이혼을 결심해서 생기는 책임으로는 아이를 돌보면서 생활비를 버는 것, 정규직 사원으로 일하는 것, 친부모에게 제대로 설명하는 것, 싱글 맘으로 사는 것에 대한 각오 등이 있습니다.

생각했다면 이 책임들에 대한 대책을 미리 세웁니다. 이때도 가장 중요한 포인트는 '실천'입니다. 머릿속으로 생각만 해서는 그다지 의미가 없습니다. 실제로 행동해야 합니다. 정규직 일자리 찾기, 가족과 충분히 이야기할 수 있는 자리 마련하기, 경우에 따라서는 경제적 지원 부탁하기 등입니다. 이런 접근 방법이 비즈니스에서는 매우 자연스럽게 이뤄지는데, 이를 개인적인 사건에도 적용할 수 있어야 합니다. 이 방법의 좋은 점은 책임에 대한 준비를 미리 하기 때문에 점점 결의가 굳어진다는 것입니다.

이 방법은 이혼을 고민하고 있는 단계에서 효과적입니다. 다만 이혼하는 경우와 하지 않는 경우에 생길 수 있는 책임과 대처 방법이 다르기 때문에 가능한 한 두 가지 경우의 수를 모두 준비하는 것을 추천합니다. 이렇게 책임에 대한 준비를 끝내면 어느 쪽을 택할 것인지가 더욱 명확해집니다.

결정을 해야 뭐라도 하지

끊임없이 걱정하고 생각하는
'염려증'

사람은 두려움을 느끼면 생각이 많아집니다. 책임을 회피하고 싶으면 변명을 생각합니다. 평화주의자는 여러 사람의 의견을 정리하려 하고, 우등생 콤플렉스를 가진 사람은 좋은 사람이라는 평가를 받기 위한 방법을 생각합니다. 결정하지 못하는 사람은 대부분 생각이 너무 많습니다. 너무 신중해서 스스로에게 자신감을 갖지 못하고, 선택지가 너무 많아서 가치관이 점점 바뀌고, 결과적으로 생각이 많아집니다. '몰라! 다 필요 없어!' 하며 내던지고 싶을 때도 분명 있을 텐데 말이죠.

생각은 과거의 경험과 논리가 갖춰졌을 때 작동하는 것입니다. 따라서 지금까지 경험한 적 없는 일을 결정해야 한다면 잘 모르는 요소가 많을 수밖에 없습니다. 그래서 아무리 생각해도 결정을 내리지 못하는 것입니다.

생각이 많은 이유는 두려움 때문입니다. 그런 의미에서 앞서 소개한 '두려움 버리기'는 너무 많이 생각하지 않기 위한 방법이기도 합니다. 하지만 자신도 모르게 너무 생각이 많아지는 사람을 위해서 다른 방법도 소개합니다.

너무 많은 생각을 버리는 4가지 방법

첫 번째, 생각을 멈추는 시간을 만듭니다. 생각이 많은 사람은 스트레스가 쌓이기 쉽습니다. 끊임없이 생각하고 있기 때문입니다. 따라서 사고가 멈추는 시간을 만들어야 합니다. 사고라는 것은 의식적으로 멈추려고 해도 멈출 수 없지만, 다음과 같은 방법은 효과가 있습니다.

- 요가와 명상
- 30분 정도의 조깅, 수영, 걷기, 근력 운동 등의 가벼운 운동
- 절에 방문하기

- 음악이나 영화에 몰입해서 감상하기
- 그림 그리기
- 직접 요리, 뜨개질, 바느질, 공예 하기
- 혼자 노래방 가기
- 30분 이상 족욕, 반신욕 하기
- 아름다운 풍경 감상하기
- 아이와 놀기

5킬로미터를 달리고 숨이 찰 땐 뭔가를 집중해서 생각하기 어렵습니다. 좋아하는 아티스트의 공연장에서 다른 사람을 생각하며 음악을 감상하기도 어렵습니다. 앞서 말한 방법 외에 다른 방법도 좋습니다. 이처럼 몸을 움직이거나 잠시 다른 곳에 집중하면 과도한 생각을 멈출 수 있습니다. 이런 방법을 습관화하거나 조합해서 아무것도 생각하지 않는 시간을 만들면 머릿속이 훨씬 말끔해집니다.

이 방법들의 공통점은 몸, 감정, 감각을 사용한다는 것입니다. 자신의 의식을 머리에서 몸, 감정, 감각으로 옮기면 지나치게 많은 생각을 줄일 수 있습니다. 정확하게 말하면 생각하는 시간과 생각하지 않는 시간이 균형을 이루며 생활에 강약이 생깁니다.

두 번째, 생각이 많을 땐 종이와 펜을 준비합니다. 그저 머릿속으로

만 생각할 때가 많지 않나요? 한 가지 문제를 두고 계속해서 고민만 하는 사람은 특히 머리로만 생각하는 경향이 있습니다. 이때 생각을 종이에 적으면 복잡한 머릿속을 간단하게 가시화할 수 있습니다. 자신이 생각하는 바를 종이에 적어서 눈으로 볼 수 있다면 생각이 길을 잃지 않고 문제점이 착착 정리됩니다.

또한 머릿속의 생각을 종이에 적으면 내 생각을 객관적으로 바라볼 수 있기 때문에 여태껏 결정하지 못했던 고민 중 말끔하게 정리되는 것도 생깁니다. 이 방법은 생각이 많아서 결정하지 못하는 사람에게 매우 효과적인 처방전입니다.

세 번째, 일부러 '기분파'가 돼 봅니다. 생각하기보다는 느끼고, 직감이나 감각을 믿는 것입니다. 이 방법은 생각을 너무 많이 하고 싶지 않을 때 매우 효과적입니다. 인생을 좌지우지하는 어려운 문제를 직감적으로 해결하는 방법은 이 장에서 소개하기엔 아직 이르기 때문에 지금은 먼저 일상의 사소한 선택을 직감과 감각으로 결정하는 연습을 해 보겠습니다.

예를 들어 점심 메뉴나 음료, 집에 가는 길을 직감적으로 결정해 봅니다. 휴일을 어떻게 보낼지 미리 계획하지 말고 당일 아침에 일어나서 하고 싶은 일로 결정해 보거나, 그날 입을 옷을 그날의 느낌대로 골라 봅니다. 당신이 평소에도 이런 식으로 결정을 내리는 사람이라면, 직감이나 감각으로 결정을 내리는 스스로를 의식하며 결정해 봅시다.

습관적으로 너무 많은 생각을 하는 사람은 끊임없이 생각하기 때문에 '애초에 직감이나 감각이 뭔지 모르겠다'고 생각할지 모릅니다. 그럴 땐 '직감이나 감각'을 '기분'으로 바꿔서 생각해 봅시다. '오늘은 왠지 담백한 음식이 먹고 싶은 기분', '쨍한 색의 옷을 입고 싶은 기분'처럼 말이죠. 그리고 이때 '너무 화려한가?' 같은 생각이 들어도 무시해 보세요. 부정적인 생각이 떠올랐을 때 무시하는 것이 정말 중요합니다. 우리의 사고는 대체로 옳은 말을 하기 때문에 설득되기가 쉽지만, 그때마다 의심은 무시하고 자신의 '기분'에만 집중해서 결정해 봅시다.

기분에만 집중할 수 있다면 마음이 아주 편해지거나, 일이 잘 풀리거나, 평소와 다른 재미있는 사건이 생기는 등 색다른 경험을 할 수 있습니다. 그러다 보면 우리의 몸이 점차 '직감을 따르면 재미있는 일이 생긴다', '감각적으로 고르는 게 더 편하다'는 것을 알게 되고 인생을 좌우하는 중요한 결단을 내릴 때도 감각과 직감을 믿을 수 있게 됩니다.

네 번째, 푹 자는 것에 집중해 봅니다. 고민이 많아지면 잠을 잘 때도 생각을 할 정도로 수면의 질이 크게 떨어집니다. 아침에 일어났을 때 몸이 무겁거나 나른한 이유가 바로 생각 때문입니다. 따라서 수면의 질을 높이기 위해 식사나 운동에 신경을 쓰고, 잠들기 전에 스마트폰이나 컴퓨터 사용을 자제하고, 술을 적당히 마시는 등 여러 가지 궁리가 필요합니다.

한 정신과 의사에게 이런 말을 들은 적이 있습니다.

"수면의 질이 떨어지면 병에 걸릴 수도 있습니다. 그리 바람직하진 않지만, 이때 수면 유도제를 먹는 것도 나쁘지 않습니다."

최근에는 내성이 없는 약도 개발됐으니 고민이 많아서 깊은 잠을 못 잔다면 의사에게 상담을 받아 보는 것도 좋은 방법입니다. 또한 침을 맞거나 지압이나 마사지, 정골 요법, 온천 요법 등을 시험해 보는 것도 추천합니다.

수면의 질이 높아지면 아침에 기분 좋게 일어나 하루를 개운하게 시작할 수 있습니다. 그렇게 되면 지금 결정해야 하는 문제를 더 상쾌한 기분으로 마주할 수 있게 됩니다.

3장은 '결정하는 사람'이 되기 위해 무거운 짐과도 같았던 습관이나 사고방식을 버리는 방법을 이야기했습니다. 이 모든 것을 하루 만에 버릴 순 없겠지만 비교적 간단한 방법들을 소개했으니 이것들을 습관화한다면 삶의 방식 자체를 바꾸는 것도 가능합니다.

'결정하는 사람'이 되기 위해서 심플해지는 것은 매우 중요합니다. 강박을 버리는 습관들을 하나씩 정리해 나가 봅시다.

내 결정에 확신 더하기 3단계

◇ '~해야 한다'는 말을 입버릇처럼 하지 않나요? 자신을 이상적인 상태에 끼워 맞추려는 이상주의를 버려야 합니다.

◇ '제대로 해야 한다'는 강박에 사로잡혀 있지 않나요? 완벽주의를 버리면 마음에 여유가 찾아옵니다.

◇ 정답은 하나가 아닙니다. 정답주의에서 벗어나면 새로운 법칙이 만들어집니다.

◇ 주변 사람들의 기대를 저버리지 않기 위해 너무 애쓰지는 않나요? 우등생 콤플렉스를 버리면 진짜 내 모습을 마주할 수 있습니다.

◇ 모두가 만족하는 결론은 없습니다. 평화주의를 가장한 방임주의를 버리면 당신을 향한 평가가 달라집니다.

◇ 열심히 하는 것도 중요하지만 힘을 빼야 하는 순간도 있습니다. 과도한 열정을 줄일 수 있다면 더 먼 미래를 계획할 수 있습니다.

◇ 내가 결정해서 일이 잘못될까 봐 두렵나요? 두려움이 현실에 존재

하는지, 허상인지 파악할 필요가 있습니다.

◇ 결정에는 책임이 따릅니다. 책임을 회피하고 싶은 '나'와 직면해야 합니다.

◇ 너무 많은 생각은 두려움을 부릅니다. 의식적으로 생각을 멈추는 시간이 필요합니다.

◇ 내가 버리고 싶은 습관 중 하나 혹은 두 개를 고르고 실제로 실천해 봅니다. 그리고 나서 기분이 가벼워지면 그것을 한 달간 지속해 봅니다.

◇ 그러한 습관을 버린 나는 지금의 나와 어떻게 달라질까요? 상상해서 적어 보세요. 그것이 어쩌면 본래의 내 모습일지도 모릅니다.

4장

결정이 쉬워지는
마음 만들기

생각과 감정의 브레이크 풀기

가장 마지막으로 화를 낸 순간이 언제였나요? 스스로 결정하지 못하는 사람 중에는 화내는 방법을 모르는 사람이 많습니다. '사고(머리)'와 '마음(감정)'이 일치하지 않으면 결정할 수 없다는 점을 1장에서 다뤘습니다. 잠재의식의 힘은 굉장히 세서 머리로 결정을 내려도 마음이 반대하면 '알지만 할 수 없는' 상태가 됩니다.

특히 현대인은 쉽게 생각이 많아지는 경향이 있습니다. 또한 우등생으로 살아온 사람들도 '어떻게 해야 하는지'를 깊게 생각하는 경향이 있습니다. 따라서 스스로 결정하는 사람이 되기 위해서는 머리와 마음의 연결을 다시 살펴야 합니다. 다시 말해 감정을 있는 그대로 느끼는 것이 중요한 첫걸음이 될 것입니다.

화는 우리가 느끼는 여러 감정 중에서도 아주 알기 쉬운 감정입니다. 이런 화를 잘 느끼지 못한다면 자신보다 타인을 우선하고 있다는 증거입니다.

네 번째 주제는 마음과의 연결을 재정비함으로써 진정한 나를 찾는 것입니다. 솔직한 마음 너머에 있는 '나'를 중심으로 생각하는 것이 바로 '나만의 기준'으로 생각하는 것입니다. 이것은 스스로 결정하는 사람이 되기 위해 꼭 필요한 과정입니다.

결정이 어렵다면
감정부터 들여다보라

당신은 평소에 뭔가에 초조함을 느끼거나, 발끈하거나, 분노를 느낄 때가 있나요? 매일같이 화를 낸다는 사람도 있지만 제가 만난 내담자 중에는 화내는 법을 모른다고 말한 사람도 적지 않았습니다. 당신은 혹시 이런 경험을 해 본 적 있나요?

"친구에게 남자 친구 문제로 상담을 했는데 '그건 좀 심했네! 화내도 돼!'라고 하더라고요. 그 말을 듣고 나서야 '아, 화를 내도 되는구나' 하고 깨달았어요."

"상사에게 '좀 더 감정을 드러내도 좋아요. 당신은 너무 담담해요'라는 지적을 받았어요. 저는 감정을 드러내면 그다지 좋은 일이 없을 거라고 생각하는데 말이죠."

"화를 잘 못 내요. 분위기가 어색해지는 것도 싫고 주변 사람들이 신경 쓰게 만드는 것도 미안해요."

예부터 화내는 사람은 어른스럽지 못하고, 감정적인 사람은 부정적이라는 평가를 받곤 했습니다. 일본인이 얌전하다는 말을 많이 듣는 이유도 '화'를 비롯한 감정을 잘 드러내지 않기 때문입니다. 하지만 살다 보면 이런저런 이유로 '화'를 만납니다.

'운전 중에 갑자기 다른 차가 끼어들었다.'
'줄을 제대로 서지 않는 사람이 있다.'
'부딪혔는데 사과하지 않았다.'
'실수한 직원이 눈치 없이 실실 웃고 있다.'
'약속을 깨 놓고 아무렇지 않아 한다.'
'나를 바보 취급 하는 발언을 했다.'

물론 사람에 따라서 느끼는 방식(강도, 빈도 등)은 다르지만, 득도의 경지에 오르지 않은 이상 자신도 모르게 화가 나는 순간은 누구나 있기 마련입니다.

결정을 해야 뭐라도 하지

표출하지 못한 감정은
사라지지도 않는다

'화내는 건 좋지 않다', '화를 내서는 안 된다'며 화를 금지하면 점차 화를 느낄 수 없게 됩니다. 화가 날 법한 상황인데 아무것도 느끼지 못하고 태연하게 행동합니다. 하지만 이는 결코 화가 사라진 것이 아닙니다. 단지 화가 마비돼서 불감증에 걸린 것뿐입니다.

표출되지 않은 화는 나도 모르는 사이에 점점 마음속에 쌓입니다. 그러다 보면 짜증이 나도 스스로 자각하지 못하기 때문에 다른 사람에게 종종 "혹시 화났어?"라는 지적을 받습니다. 물론 당신은 "아니, 화 안 났어"라고 대답할 것입니다.

사실 마비되는 것은 화뿐만이 아닙니다. 모든 감정이 마비될 수 있습니다. 어린 시절에 외로움 때문에 괴로웠던 사람은 외로움이 마비됐을 확률이 큽니다. 혹시 소중한 사람을 잃고도 눈물 한 방울 흘리지 않고 슬픔도 느끼지 못했던 경험 없으신가요? 그것은 너무나 강렬한 슬픔 때문에 마음의 브레이크가 고장 나고 감정이 마비됐기 때문입니다.

이처럼 우리는 어른이 되는 과정에서 점차 다양한 감정을 마비시킵니다. 하지만 앞서 이야기했듯이 감정이 마비될 수는 있어도 사라지지는 않습니다.

"제가 무엇을 느끼고 있는지, 정말로 어떤 생각을 하고 있는지 모르겠어요."

이렇게 말하는 사람도 실은 감정이 사라진 것이 아니라 스스로 알아채지 못하게 된 것입니다.

결정을 해야 뭐라도 하지

누구나
내 감정이 우선이다

누구나 자신이 느낀 감정을 우선했던 시절이 있습니다. 막 태어났을 때는 자신의 감정을 있는 그대로 드러내고 "기분 나빠!", "배고파!", "졸려!" 하며 소리 내어 울었습니다. "배가 고프지만 지금은 엄마가 나를 챙겨 줄 상황이 아니니까 얌전히 있자"라고 생각하는 아이는 없습니다. 만약 자신의 감정이 아니라 타인의 감정을 우선한다면 아이는 살아갈 수 없을 것입니다.

다양한 감정을 마비시킨 결과 내가 무엇을 느끼고 있는지 잘 모르는 상태가 된 사람은 늘 논리적으로 행동하려 합니다. 그렇게 되면 머리와 마음이 일치하지 않아서 결정하지 못하는 사람이 될 가능성이 높다는 것도 충분히 이해할 수 있으리라 생각합니다. 즉, 감정을 생생하게 느낄 수 있어야 스스로 결정하는 사람이 되는 것입니다.

생각과 감정은
연결돼 있다

감정의 세계를 조금 더 살펴보겠습니다. 심리학의 세계에서 화와 의욕은 같은 에너지로 표현합니다. 활기 넘치는 사람을 떠올려 보세요. 생기가 있고 의욕이 넘칩니다.

그런데 의외로 그런 사람이 화를 더 잘 내고 조금 감정적입니다. 그래서 화를 억누르면 의욕도 사라져 버리는 것입니다. 혹시 '최근 들어 왠지 모르게 무기력하다'고 느낀다면 마음속에 화가 잔뜩 쌓인 것일지도 모릅니다.

'최근에는 딱히 화를 낼 만한 일이 없었는데 말이야' 하는 생각이 들수도 있지만 마음속에 쌓인 화는 하나의 사건에 의해서만 생긴 게 아닙니다. '티끌 모아 태산'이라는 말처럼 무능한 상사의 행동, 자료를 넘겨주지 않는 거래처, 늘 붐비는 지하철, 스쳐 간 인연들 등등 여러 가지 요인으로 작은 화들이 쌓이고 쌓여서 무기력해지기도 합니다.

다른 감정도 마찬가지입니다. '희비의 교차', '울다가 웃기'라는 표현이 있듯이 슬픔과 기쁨은 표리일체의 감정입니다. 따라서 슬픔을 억눌러 마비시키면 기쁨도 느끼지 못하게 됩니다.

'친구와 디즈니랜드에 놀러 와서 아주 신이 나야 하는데 어쩐지 즐겁지가 않네.'

이런 생각이 들었다면 마음속에 깊은 슬픔이 숨어 있을지 모릅니다. 마찬가지로 '외로움'을 참으면 사람들과의 유대감이나 마음의 안정을 느낄 수 없고 다른 사람에게 의지할 수 없어 고립감이 점점 심해집니다. '두려움'을 억압하면 그 무엇에 대해서도 번뜩임을 느낄 수 없고 설렘도 잊게 됩니다. 어떤 일이든 담담한 태도로 일관하게 되는 것입니다.

우리는 기쁨이나 즐거움처럼 긍정적인 감정만 골라 느낄 수 없습니다. 부정적인 마음이 존재하기 때문에 긍정적인 감정을 느낄 수 있는 것입니다.

감정이 무거울수록
결정도 어려워진다

화를 억누르면 의욕이 사라지기 때문에 하고 싶은 것, 꿈, 목표가 보이지 않게 됩니다. 한 내담자는 평소에 화를 잘 내지 않는 분이었습니다. 어떤 일 때문에 화가 나더라도 결코 얼굴에는 감정을 드러내지 않고 상황을 원만하게 수습하려고 하는 평화주의자였습니다. 그는 본래 착하고 배려심이 깊은 사람이라 인망도 두터웠지만 아주 오래전부터 특별히 하고 싶은 일이 없어서 고민이었습니다.

그런데 그는 어떤 계기로 어머니를 향한 자신의 감정과 마주하면서 그 이유를 깨닫게 됩니다. 그의 어머니는 본래 몸이 약했습니다. 그가 10대일 때 중한 병에 걸려 10년 동안 치료를 받았는데, 그 시간이 야속하게도 세상을 떠나 버린 것입니다.

마음씨 고운 그는 늘 어머니를 간병하며 '착한 아들'로 살아왔습니다. 하지만 간병을 하는 동안 많은 생각이 들었다고 합니다. 그렇지만 병든 어머니에게 부정적인 감정을 갖기란 착한 그에게 너무나 어려운 일이었기에 그는 어머니를 향한 감정을 점점 억누르게 됐습니다.

불편한 감정도 허락하라

그의 선택이 꼭 나쁘다고 볼 수는 없습니다. 어떤 의미에서 그는 어머니를 지켰던 것이죠. 자신의 꿈을 포기할 수밖에 없었을 정도로 어머니를 사랑한 것입니다.

그는 어머니가 세상을 떠나고 10년 이상의 시간이 흘러서야 억눌렀던 감정과 마주할 수 있게 됐습니다. 그는 '외로웠다', '괴로웠다', '아무것도 할 수 없어서 힘들었다' 같은 감정부터 '더 함께하고 싶었다', '더 인정받고 싶었다', '더 칭찬받고 싶었다'처럼 아이라면 당연히 갖고 있는 감정들까지도 줄곧 참아 왔습니다.

병으로 세상을 떠난 어머니에게 그런 지독한 감정을 갖고 있다는 데 죄책감을 느낄 것 같았지만 계속해서 스스로를 다그치고 자신의 감정과 마주했습니다.

'아니야, 그런 감정이 느껴지면 느껴지는 대로 괜찮아.'

저는 그에게 '더 칭찬받고 싶었다'는 감정을 비롯해 자신이 억누르고 있었던 감정을 소리 내서 표현하거나 종이에 적게 했습니다. 그러자 신기한 변화가 찾아왔습니다. 아침에 눈을 떴을 때 몸이 너무나 가벼워진 것입니다.

어깨나 등 쪽에서 늘 느껴지던 긴장감과 통증이 사라졌습니다. 기분도 한결 가벼워졌고 잘 웃게 됐습니다. 즐거운 일이나 재미있는 일에 이전보다 더 흥미를 느낄 수 있게 됐습니다. 일에 대한 동기도 점차 회복됐습니다. 그리고 자신이 진정으로 몰입할 꿈을 찾고 싶다는 욕구도 강해졌습니다.

그의 이야기를 들으며 저는 마치 죽은 영혼에 생명이 깃든 것 같은 느낌을 받았습니다. 어쩌면 어머니의 죽음과 함께 그의 마음의 일부도 함께 죽어 버렸을지도요.

'꿈이 없다'고 생각하는 사람은 어쩌면 늘 자신의 화를 억누르고 있는지도 모릅니다. 하지만 화를 비롯한 감정을 습관적으로 억눌러 온 사람이라면 갑자기 '화를 내라'는 말을 들어도 곧바로 감정을 분출하기는 어

결정을 해야 뭐라도 하지

럽습니다.

우선은 이 말을 되뇌며 화를 허락해 보는 것부터 시작하면 어떨까요?

'화를 내도 좋아.'

'화가 나는 걸 인정해도 좋아.'

솔직해지는 순간
다양한 선택지가 보인다

　부정적인 감정을 마음속에 쌓아 두는 일은 상담사로서 그다지 추천하지 않습니다. 자신도 모르는 사이에 스트레스가 쌓일 뿐만 아니라 앞서 이야기했듯이 꿈이나 목표를 찾기 어려워지기 때문입니다. '다른 사람에게 민폐를 끼쳐서는 안 된다', '푸념하면 상대방이 불쾌해한다', '불평이나 불만을 쏟아 내면 분위기가 흐려진다' 같은 생각 때문에 자신의 감정을 억누르다 보면 그 감정들이 점점 마음속에 쌓여 다양한 폐해를 불러일으킵니다.

　이처럼 면목이 없어서 동료나 친구에게 푸념하지 못하는 마음 착한

　　　　　　　　　　　　　　　결정을 해야 뭐라도 하지

사람들에게 추천하는 방법이 있습니다. 바로 상담을 받는 것입니다. 상담사는 다른 사람의 이야기를 잘 듣는 훈련을 받았고, 비밀을 지킬 의무가 있는 전문가입니다. 그러므로 당신의 이야기를 누구보다 열심히 들어 줄 것입니다.

유럽이나 미국의 성공한 사람들이 개인 상담사를 고용하는 일은 그들의 높은 신분을 상징하는 기준 중 하나라고 합니다. '이야기하는 것은 내려놓는 것, 놓아주는 것'이라는 말이 있듯이 누군가에게 자신의 이야기를 털어놓는 것만으로도 마음이 훨씬 개운해집니다.

엉킨 마음을 풀어놓는 노트 만들기

한 가지 더 추천하고 싶은 방법은 마음을 관리하는 '원한 노트'를 만드는 것입니다. 원한 노트라는 이름에서 알 수 있듯이 이 노트에 원한, 미움, 화와 같은 감정을 적어 나갑니다. 화뿐만 아니라 슬픔이나 외로움, 죄책감, 무력감, 비참함, 괴로움, 아픔, 불안, 무서움 등의 감정을 적어도 무방합니다. 또한 '느끼지 못하는 것도 감정의 하나'라는 말이 있듯이 아무것도 느끼지 않았다면 '아무것도 느끼지 않았다'고 적습니다. 이처럼 현재 느끼고 있는 감정을 적기만 해도 놀랄 만큼 마음이 개운해집니다.

부모, 배우자, 상사 등 특정 사람에게 느끼는 감정을 적어도 좋고, 지금 느껴지는 감정을 적어도 효과적입니다. 다른 사람에게 하지 못하는 말과 상태를 이렇게 노트에 적기만 해도 후련해집니다.

저는 블로그나 세미나, 상담 등 모든 상황에서 만난 사람들에게 원한 노트 쓰기를 추천합니다. 실제로 많은 분이 실천하고 저에게 그 효과를 알려 주고 있습니다. 한 여성은 작은 노트를 늘 갖고 다니며 짜증이 날 때마다 슬쩍 꺼내서 기록하는 습관을 들였다고 합니다. 그러자 점점 표정이 밝아졌고 긍정적으로 지낼 수 있게 됐을 뿐만 아니라 피부도 이전보다 훨씬 좋아졌다며 기쁜 얼굴로 이야기했습니다. 실제로 감정을 쌓아 두는 것은 피부에 좋지 않습니다. 감정을 토해 내고 마음속을 말끔하게 정리하는 일은 미용에도 효과적입니다.

오랫동안 감정을 억누른 사람이 상담을 받거나 원한 공책에 마음을 기록하면 처음에는 분노가 끊임없이 솟아올라 괴로움을 느끼기도 합니다. 그 괴로움의 크기가 지금껏 감정을 억눌러 왔다는 증거입니다. 그럴수록 '그만큼 화를 쌓고 참아 왔구나'라고 생각하며 도중에 포기하지 말고 꾸준히 지속해 보기 바랍니다.

첫 며칠간은 원한 노트에 기록하는 과정이 힘들지도 모르지만 5일 정도 지속하면 효과를 체감합니다. 최소한 2~3주간 계속해 보기를 추천합니다. 마음속의 부정적인 감정이 정리돼 후련해짐과 동시에 건강과 피부 상태도 좋아지는 것을 실감할 수 있을 것입니다.

묵은 감정을 비워 내면 긍정적인 감정이 채워진다

한 여성은 늘 걱정이 많은 어머니 때문에 스스로 결정하지 못하는 사람이 됐습니다. 그녀는 이를 극복하기 위해 노트 여러 권을 들고 호텔에 틀어박히기로 합니다. 그녀는 비록 하룻밤이었지만 너무나 다양한 감정을 체험했다고 합니다. 처음에는 어머니에 대한 분노나 불만이 멈출 수 없을 만큼 솟아올랐습니다. 점차 그 분노가 슬픔과 외로움으로 바뀌었고, 심지어 죄책감이 느껴지기도 했습니다. 어느새 두 번째 노트까지 채워지자 티슈 한 통을 다 쓸 정도로 펑펑 울었다고 합니다. 그리고 정신을 차리고 보니 어느새 아침을 맞이했다고 합니다.

그때의 가벼운 느낌은 그 어떤 것에도 비할 수 없고, 마음은 이상할 정도로 따뜻한 생각으로 가득했다고 합니다. 그리고 주체할 수 없을 정도로 행복한 감정이 솟아올라 춤을 추고 싶다는 생각이 들었습니다. 어느 순간에는 어머니에게 그저 감사한 마음밖에 떠오르지 않았다고 합니다.

그녀는 기분의 변화가 너무 다양해서 드디어 자신이 미친 게 아닐까 생각할 정도였다고 합니다. 그녀는 원한 노트에 자신의 감정을 계속해서 기록하며 마음을 정리했습니다. 그리고 결국 그녀의 마음속에 남은 것은 어머니를 향한 사랑뿐이었다고 합니다.

감정을 인정해야
명확한 선택을 한다

부정적인 감정을 토해 내고 마음을 정리하면 자신의 감정에 솔직해집니다. 자기긍정감을 높이는 방법 중 하나로 '좋아하는 것은 좋고, 싫어하는 것은 싫다고 분명하게 인정하기'가 있습니다.

이렇게 자신의 기분을 있는 그대로 인정하면 감정을 사고로 억누르는 버릇을 버릴 수 있기 때문에 한결 더 편안하게 살아갈 수 있습니다. 반대로 말해서, 만약 당신이 지금 삶이 힘겹게 느껴진다면 있는 그대로의 감정을 사고로 억누르고 있다는 반증으로 볼 수 있습니다.

그것은 동시에 내 마음의 목소리를 들을 수 있게 된 상태를 나타냅니다. 우리는 종종 '이런 일로 화를 내다니 옳지 않다'고 판단해서 감정을 억누릅니다. 그러나 화가 날 땐 화를 내야 합니다. 1장에서 소개했던 사례처럼 '모두가 부러워하는 환경에 있는데 행복을 느끼지 못한다'면 당신은 지금 행복하지 않은 것입니다.

사고로 상황을 판단하고 이 감정은 옳고, 저 감정은 옳지 않다고 치부하는 것은 감정을 억압하고 마비시키는 지름길입니다.

날씨처럼 시시각각 바뀌는 감정을 이해하자

저는 종종 감정을 날씨에 비유합니다. 모처럼 친구들과 바비큐 파티를 하기로 했는데 아침에 일어났더니 비가 내립니다. 너무 아쉬워서 처량한 기분도 들지만 그렇다고 해서 "오늘 날씨가 너무 좋네! 예정대로 바비큐 파티를 하자!"라고 말하면 다들 이상하게 생각하지 않을까요? 비가 오면 실내에서 할 수 있는 볼링 대회를 열든 노래방에 가서 실컷 노래를 부르든 상황에 맞게 행동하는 게 자연스럽습니다.

감정도 마찬가지입니다. 느껴지는 감정은 어쩔 수가 없습니다. 상황에 어울리지 않게 화가 나거나 슬픈 감정이 들어도 그것이 내 마음의 상태입니다. 내 감정을 받아들이는 수밖에요. 그리고 받아들였다면 '어떻게 할 것인지'를 다시 한 번 생각하면 되는 것입니다.

상대방이 여러 차례 사과를 했는데 도저히 화가 멈추지 않는다면 그것이 당신의 마음 상태입니다. 그럴 땐 감정을 부정하지 말고 '이유는 모르겠지만 화가 멈추지 않는다. 그만큼 이 사람의 행동에 분노를 느끼고 있는 것이다'라고 받아들여 보세요. 그리고 이렇게 말해 보세요.

"조금만 시간을 주세요. 당신을 용서하려면 시간이 필요해요."

감정은 늘 옳고 우리는 그것을 받아들일 수밖에 없습니다. 자신의 감정을 있는 그대로 느끼고 받아들일 줄 안다면 비로소 마음의 목소리가 들립니다. 다시 말해서 결정하는 사람이 되기 위해 필요한 자질 하나를 손에 넣는 것입니다.

결정이 쉬워지는
마음과의 대화

마음의 목소리가 들린다면 '마음과 대화하는 법'을 익힐 수 있습니다. 마음과의 연결을 심화하고 후회 없이 결정하는 사람이 될 수 있죠.

당신이 이직을 생각하고 있다고 합시다. 지금 다니는 회사에 계속 다니는 것보다 이직을 해야 더 많은 것을 얻을 수 있다고 생각하고 있습니다. 또한 같은 곳에 머무르는 것보다 환경을 바꿔 나가야 성공할 수 있다고 생각합니다.

하지만 마음속에는 불안이나 공포, 죄책감 등의 감정이 존재합니다. 지금까지의 당신이라면 이 감정을 부정하고 개선하려 했을 것입니다. 한마디로 불안과 공포를 무시하고 강제로 밀어붙이려 하거나 '이런 일로 겁을 먹다니 한심해!' 하며 스스로를 공격해 온 것입니다.

그러나 지금의 당신은 다릅니다. 당신은 마음과 대화하는 것의 중요성을 배우고 있습니다. 일단 마음의 목소리를 들어 봅시다.

결정을 가로막는
감정을 해결하는 법

나: 왜 이렇게 불안하고 무섭고 죄책감을 느끼는 걸까?

마음: 아무래도 지금 다니는 회사가 익숙하니까 안심할 수 있겠지. 새로운 환경에 잘 적응할 수 있을지 걱정이야.

나: 분명 그렇겠지. 다른 고민도 있을까?

마음: 만약 새로운 직장에서 더 높은 역량을 요구한다면 분명 따라가기 힘들 거야. 지금은 미지근한 물에 몸을 담그고 일하는 기분이니까. 이제 나이도 꽤 많이 찼고, 앞으로 새로운 일을 시작하는 건 솔직히 무서워.

나: 정말 그래. 무섭지. 그런데 죄책감은 왜 느끼는 거야?

마음: 이직을 하면 지금 직장 사람들에게 민폐를 끼친다고 생각하니까? 내 성격도 잘 이해해 주고 나랑 잘 지내는데 이직을 하면 그 사람들을 배신하는 게 아닐까? 왠지 모르게 면목 없는 기분이

들어.

나: 그렇구나. 하긴 그렇지. 그런 마음이 들긴 하겠어.

부정하지 않고 마음의 목소리에 귀를 기울이는 것만으로도 당신은 놀라울 만큼 차분해집니다. 감정은 받아들여지기만 해도 해방감을 느낄 수 있다는 특징이 있습니다. 반면 '그런 생각은 해선 안 돼', '그렇게 무서워해 봤자 아무것도 달라지지 않아' 하며 감정을 억누르면 불안감과 두려움이 오히려 더 강해집니다.

기분이 차분해지면 이번에는 마음이 이런 말을 합니다.

마음: 그런데 그런 공포나 불안을 느껴도 도전해 보고 싶어.

나: 맞아. 지금처럼 미지근한 물에 몸을 담그고 있으면 내 인생은 계속 재미없을 거야. 그래서 과감하게 이직하려는 거지.

마음: 지금까지 나름대로 실적을 쌓아 왔고 사실 자신감도 있지. 환경이 달라지면 분명 마음고생을 하겠지만 즐거움이나 설렘이 있는 것 또한 사실이잖아.

나: 정말 그래. 무섭지만 설레.

마음: 그럼 과감하게 도전해 보는 것도 좋겠어. 왠지 모르게 엄청 두근거리는걸.

결정을 해야 뭐라도 하지

그렇습니다. 앞으로는 마음이 당신을 응원해 줄 것입니다. 두근거림과 즐거움은 마음만이 느낄 수 있습니다. 이처럼 마음과 대화하며 부정적인 감정을 해소하면 그다음에는 설렘이 찾아옵니다. 다 해소하지 못한 부분은 원한 노트를 이용하세요.

실제로 마음이 당신을 응원해 주려면 조금 시간이 필요하겠지만 이 방법은 당신이 결정할 수 있는 사람이 되는 데 매우 효과적인 방법입니다. 평소에 의식적으로 실천해 보기 바랍니다.

내 결정에 확신 더하기 4단계

◇ 화내는 법을 모르는 사람은 다른 감정까지 잘 느끼지 못할 확률이 큽니다. 당신은 감정을 잘 느끼고 있나요?

◇ 화는 의욕과 에너지가 같습니다. 감정을 생생하게 느끼는 사람이 스스로 결정할 수도 있습니다.

◇ 화를 억누르면 꿈과 목표를 갖기 어렵습니다. 다른 사람의 시선은 잠시 내려 두고 당신의 감정을 분출해 보세요.

◇ 감정을 해방시키기 위한 '원한 노트'를 적어 봅시다. 상대가 누구든 상관없지만 지금, 가까이에 있는 사람을 고르면 더 좋습니다. 그 사람에 대해서 생각은 했지만 말로는 표현한 적 없는 생각이나 분노, 원망, 슬픔, 쓸쓸함 등의 감정을 자유자재로 적어 보세요.

◇ 당신이 좋아하는 것, 싫어하는 것을 각각 같은 수만큼 적어 보세요. 적어도 30개 정도씩 찾아보는 것이 효과적입니다. 이 활동은 감정에 솔직해지는 연습이 될 것입니다.

◇ 마음과 대화를 해 보세요. 익숙해질 때까지는 컴퓨터나 노트에 적는 편이 덜 혼란스러울 것입니다. 지금 당신이 느끼고 있는 마음에 그저 귀를 기울이고 받아들입니다.

5장

어떻게 결단력 있는
사람이 될까

인생의 중심을 '나'로 옮겨 오기

마음과의 연결을 회복한 후 그곳에 단단하게 뿌리를 내려야 하는 '진정한 나'와 마주하는 것이 다섯 번째 주제입니다. 자신의 기준을 찾고 그 기준을 더 두텁게 만들어 가는 것이죠. 4장에서 했던 있는 그대로의 감정을 받아들이는 활동은 이른바 머리(사고)와 마음(감정)을 연결하는 작업입니다. 지금까지 사고와 감정의 연결이 약하거나 끊어져 있었기 때문에 결정하지 못했던 당신은 머리와 마음을 연결함으로써 보다 확실하게 '자기 자신'을 의식할 수 있게 됐으리라 생각합니다.

그런데 혹시 아직도 있는 그대로의 자신에게 자신감을 갖지 못해 고민인가요? '정말 이런 나로 괜찮을까?'라고 생각하는 사람도 있을지 모릅니다. 자기 자신을 의식하고 자신의 기준을 확립하고는 있지만 아직은 흔들리기 쉬운 상태이기 때문입니다. 이런 상태라면 스스로 결정을 내리더라도 다른 사람에게 몇 마디 듣는 것만으로 금세 자신감을 잃게 됩니다.

다섯 번째 주제는 스스로 결정하기 위해 더 깊게 자기 자신과 마주하고 흔들리지 않는 기준을 만드는 훈련입니다.

내가 결정한 인생이
곧 나다

지금까지 2장을 중심으로 다양한 사례를 살펴보며 '스스로 결정하지 못하는 이유'를 이야기했습니다. 너무 착해서 다른 사람의 감정을 우선하는 태도, 지나치게 이상을 추구하는 이상주의, 싸움을 싫어하는 평화주의, 그리고 이런 것들의 근저에는 내가 아니라 타인을 중심으로 생각하는 버릇이 있었습니다. 이들은 주변 사람들과 잘 어울리기도 하지만 동시에 큰 문제를 안고 있습니다. 바로 '정체성의 상실'입니다.

나는 어떤 사람이고, 나는 무엇이 하고 싶고, 나에게는 어떤 가치와 재능이 있으며, 어떤 삶의 방식을 택하는 것이 나에게 어울리는지를 전혀 모르는 것입니다. 물론 나를 잘 몰라도 다른 사람의 의도를 헤아리고 주변과 잘 소통할 수 있다면 '나름대로' 성공할 수는 있지만, 성공에 자기 자신이 존재하지 않는다면 진심으로 감동하거나 기쁘지는 않을 것입니다.

잘못됐다고 느꼈을 때가
결정을 번복할 때다

한 내담자의 사례를 소개하겠습니다. 그는 회사가 설립되자마자 급속도로 실력을 발휘하며 회사의 성장에 크게 기여했습니다. 그리고 회사의 IPO(신규 상장)와 동시에 자산을 쌓아 어린 나이에 경제적 자유까지 누리게 됐습니다. 그런데 자신감을 갖고 하고 싶은 일과 꿈을 향해 열심히 노력해도 늘 마음 한구석에서 '뭔가가 잘못됐다'는 위화감을 느꼈다고 합니다.

다니던 회사를 원만하게 퇴사하고 사업을 시작했지만 그 위화감은 여전히 남아 있었습니다. 주변 사람이 보기에 그는 경제적으로 풍요롭고 훌륭한 인맥과 높은 인망도 가졌으며 사랑하는 아내와 아이까지 있는, 정말이지 그림 같은 성공을 이룬 사람입니다. 그는 스스로도 이렇게 생각하려고 했지만 그때마다 위화감은 더 커졌습니다.

사실 그는 어머니와의 문제를 안고 있었습니다. 그의 어머니는 간섭이 심하고 신경질적이며 지배하기를 좋아하는 사람이었습니다. 그는 언제나 그런 어머니의 안색을 살피며 '착한 아이'를 연기하며 자랐습니다. 그러다 정신을 차리고 보니 자기 자신은 온데간데없었던 것입니다. 그러나 그런 어머니 덕분인지 그는 '겸손하고 붙임성이 좋다'는 평가를 받고 어딜 가든 금세 친구를 만들었기 때문에 지금의 성공을 이뤘다고도 할 수 있습니다.

그는 '진정한 나로 살고 싶다'고 생각하며 자신의 마음과 마주했습니다. 어머니에 관한 생각을 위한 노트에 여러 차례 정리하며 분노와 불만, 쓸쓸함 같은 부정적인 감정을 토해 냈고 나아가 감사하는 마음을 다시 한 번 확인하는 '내려놓기' 활동에 몰입했습니다. 그 과정에서 그는 대단한 성공을 이뤄도 사실은 스스로에게 조금도 자신감이 없다는 사실을 깨달았습니다. 그는 '내가 진정으로 하고 싶은 것은 무엇인가'라는 물음을 스스로에게 던지기 시작했습니다.

어머니를 향한 부정적인 감정이 충분히 소화되고 옅어졌을 무렵 그는 자신이 진정으로 하고 싶은 것이 더 많은 사람과 직접 관계를 맺고 그들을 행복하게 해 주는 일임을 깨달았습니다. 지금까지는 기업을 위한 연수 기획이나 컨설팅을 했지만 깨달음을 얻은 이후부터는 개인을 위한 비즈니스 코칭과 상담을 시작했습니다. 그러자 점차 삶에 충실감을 느끼기 시작했습니다. 눈앞의 고객들을 더 성심성의껏 대하고 그들의 행복을 생각할 수 있게 됐으며 이 일이 진정으로 자신에게 기쁨을 가져다 준다고 느꼈습니다.

그뿐만 아니라 아내와의 관계도 그 어느 때보다 좋아졌다고 합니다. 심리학적으로 남성에게 있어서 파트너십은 어머니와의 관계에 강한 영향을 받습니다. 그가 어머니에 대한 감정을 마주하고 응어리를 해소해 나가는 것은 아내와의 마음의 거리를 대폭 줄이는 효과를 가져다줬습니다. 결과적으로 그는 아내의 감정을 있는 그대로 받아들일 수 있게 됐고, 아내를 향한 애정도 점점 더 깊어졌다고 합니다.

그는 '나'라는 의식을 더 확립해 나감으로써 마음 깊은 곳에서 납득하고 진정한 성공을 손에 넣을 수 있었습니다.

자기중심 인생과
타인 중심 인생

'나'라는 의식을 제대로 갖는 것을 '자기중심'이라고 말합니다. 반대로 자기보다 타인을 우선하는 것을 '타인 중심'이라고 합니다. 스스로 결정하는 사람이 되기 위해서 자기만의 기준을 만드는 것은 필수불가결한 요소입니다. 자기중심이라는 것은 꽤 깊습니다. 마음속으로는 '좋아, 이제 내 기준은 확립됐다'고 생각하다가도 종종 '아니야, 아직 이 부분은 타인 중심으로 생각할 때가 있어' 하며 깨닫습니다. 이것이 '언제까지 계속될까?' 싶을 정도로 끊임없이 반복됩니다.

최근에는 '뭐 그런 거지'라며 받아들일 수 있게 되면서 가벼운 마음으로 저만의 기준을 확립하고 있습니다. 좀 더 나답게 살기 위한 훈련이라고 생각하며 열심히 실천 중입니다.

자신의 기준이라는 것은 평생에 걸쳐 확립해 나가는 것입니다. 내 마음속에 흔들리지 않는 중심이 자리 잡으려면 제법 시간이 걸립니다. 따라서 앞으로는 '다른 사람의 기준대로 생각했다'라며 풀 죽지 말고 '자기 중심을 더 두텁게 만들 수 있는 기회'라고 생각해 주세요.

그럼 자기중심을 세우기 위해서는 구체적으로 어떻게 해야 할까요?

자기중심을 세우는 법

다음 문장을 읽어 보세요.

"저는 글쓰기와 심리학을 좋아해서 사람의 마음의 법칙을 알기 쉽고 재미있게 전달하기 위해 매일같이 블로그에 글을 쓰고, 지금은 이렇게 책도 쓰고 있습니다. 저는 논리적으로 생각하는 것을 좋아하는데, 그와 동시에 감각적이고 직감적이기도 합니다. 생각을 실현하기 위해 이론을 적용하고 현실화하는 과정에서 기쁨을 느낍니다. 그래서 세미나나 이벤트를 기획할 때 가슴이 뜁니다. 그러나 저는 싫증을 잘 냅니다. 똑같은 일을 여러 번 반복하는 데 어려움을 느낍니다. 그래서 늘 새로운 기획을 만들고 싶어 합니다.

저는 여행을 좋아합니다. 하지만 장시간 이동하는 것을 싫어해서 여행지는 무조건 국내에서 고릅니다. 그리고 맛있는 음식을 좋아해서 현지의 맛집을 찾아가는 것이 하나의 즐거움입니다.

또, 사람을 좋아하는 저에게 여행은 '누군가를 만나러 가는 것'이 주목적이 되기도 합니다. 그 지역의 친구, 단골이 된 바 혹은 음식점의 사장님을 만나러 갑니다.

저는 가족을 좋아합니다. 오사카에 있을 때는 거의 가족과 시간을 보내기 때문에 도쿄나 후쿠오카에 비해 잘 아는 가게가 별로 없습니다. 그래서 누군가가 오사카의 맛집을 소개해 달라고 하면 아주 난감합니다. 오히려 도쿄 가구라자카 방면의 가게는 다양하게 소개할 수 있습니다. 그렇지만 저는 제멋대로인 면이 있고, 마음이 내키지 않으면 행동하지 않는 성격 때문에 종종 아내에게 부담을 줄 때도 있을 것입니다. 하지만 최근에는 저의 아내도 점점 자기다운 방식으로 살고 있어서 매우 기쁘게 생각합니다.

한편, 저는 패션에는 관심이 별로 없습니다. 머리가 부스스하거나 옷매무새가 흐트러져도 아내가 "당신, 몰랐던 거야?"라고 말해 줄 때까지 알아차리지 못할 정도입니다. 그래서 아내가 골라 준 옷을 입거나 단골 가게의 사장님이 추천해 주는 것을 고릅니다."

이것은 저의 간단한 자기소개 글입니다. 지금의 제가 솔직하게 느끼는 것을 저만의 방식으로 표현한 것이죠. 이것은 자기중심을 두텁게 하는 매우 좋은 훈련이 됩니다. 저도 이렇게 문장으로 적어 보고 나서야 '나는 정말로 사람을 좋아하고, 사람을 만나러 가는 여행을 좋아하는구나' 하고 깨달았습니다.

문장을 꼭 잘 쓰려고 하지 않아도 됩니다. 이 활동으로 자신이 무엇을 중요하게 여기고 무엇을 싫어하는지, 어떤 성격과 가치관을 갖고 있는지 더 선명히 보이리라 생각합니다.

결정을 잘하려면
나를 잘 알아야 한다

자신의 기준을 세우기 위해서는 '나다움'에 집착해야 합니다. 2015년 프리랜서로 활동하기 시작한 후로 저는 나다움에 집착하며 일하고 있습니다. 제 자신에게 늘 '이 일, 정말 하고 싶어? 나답다고 생각해?'라고 질문하고 '더 자유로워져도 돼! 좋아하는 걸 더 해도 돼!'라고 이야기합니다. 저는 강연을 할 때도 내가 정말 하고 싶고, 가슴을 뛰게 하는 주제를 고르려 합니다. 세미나 장소도 조금 비싸더라도 내가 좋다고 생각한 곳을 선택하죠. 내가 좋아하는 곳에서 좋아하는 세미나를 하면 훨씬 기분이 좋고, 강연을 듣는 분들도 기뻐할 것이라고 생각합니다.

이런 집착은 일상생활에서도 계속됩니다. 생활 방식도 점점 나답게 바꿔 나가고 있습니다. 물론 아직 제대로 진행되지 않은 부분도 많지만 이전에 비하면 훨씬 나다운 삶을 살고 있다고 생각합니다.

나다움이 뭔지 잘 모르는 분도 있으리라 생각합니다. 저도 20대 무렵에는 나다운 것을 알지 못했고, 30대가 돼서야 생각하기 시작했습니다. 그리고 40대가 돼서야 나다움을 실현하고 있기 때문에 누구보다 그 마음을 잘 압니다.

나다움을 알려면 자기 자신에게 철저하게 솔직해져야 합니다. '나'에게 주목하고, 마음을 부정하지 않고, 있는 그대로 받아들이는 것입니다. 덧붙이자면 4장에서 소개한 '좋아하는 것은 좋아하고 싫어하는 것은 싫어해도 좋다'는 말과도 일맥상통합니다.

'좋다, 싫다', '하고 싶다, 하기 싫다'처럼 내 감정에 솔직해지면 나다운 게 뭔지 보이기 시작합니다. 그리고 그런 기분을 부정하지 않고 받아들이는 것이 '나답게 사는 것'입니다.

좋아하는 것 100가지를 적으면 알게 되는 것

좋아하는 것이든 하고 싶은 것이든 '이해가 가는' 수준에서 알 필요가 있습니다. 저는 때때로 내담자에게 '좋아하는 것 100개 적기'라는 숙제를 냅니다. 지금까지 다양한 분이 도전해 주셨는데, 그중 몇몇 분이 이런 깨달음을 공유해 줬습니다.

"좋아하는 것을 30개 정도 적었을 땐 문득 '이거 정말로 내가 좋아하는 걸까?'라는 의심이 들었어요. 곰곰이 생각해 보니 주변 사람이 좋아할 것들을 적었더라구요. 제가 좋아하는 것을 생각할 때조차 다른 사람의 눈을 의식했다는 걸 깨닫고 조금 충격을 받았어요. 그 뒤로는 정말로 제가 좋아하는 것만 적기로 마음먹었어요."

100가지를 적기란 꽤 힘든 작업입니다. 하지만 도전해 보면 내가 정말로 좋아하는 것, 내가 순수하게 좋아하는 것을 알 수 있게 됩니다. 이렇게 스스로의 감정에 솔직해질 수 있다면 '나답게 살고 있다'고 말할 수 있습니다.

하지만 우리는 다른 사람들과 관계를 맺으며 살아갑니다. 그러다 보면 내가 하고 싶은 일을 하는 과정에서 회사 일 때문에 시간을 낼 수 없거나, 경제적인 이유로 좌절하거나, 주변 사람에게 반대를 당하기도 하며 어떤 벽을 느낄 때도 있을 것입니다. 하지만 하고 싶은 일을 100퍼센트 하지 못해도 '지금 할 수 있는 것'은 분명 있습니다. '여기저기 여행하며 살고 싶다'고 생각해도 월요일부터 금요일까지 사무실에 출근해야 한다면 지금은 그 바람을 100퍼센트 실현할 수 없을 것입니다. 하지만 그 꿈을 구체적으로 그려 보는 일은 당장 할 수 있고, 평일이 어렵다면 주말에 여행을 떠나 볼 수 있습니다.

'하고 싶은 것' 중에서 '지금 할 수 있는 것'을 찾아서 실천해 나가면 반드시 나다운 삶을 살 수 있게 될 것입니다.

느낌과 직감도
결단력에 도움이 된다

결정하지 못하는 사람은 마음과 일치하지 않는 결론을 도출하려고 해서 좀처럼 결론을 내리지 못하는 상태에 빠집니다. 당신은 지금까지 그 원인을 해소하고 감정을 정리해 왔습니다. 그리고 나를 의식하고 나답게 살며 자기중심을 두텁게 만드는 단계에 이르렀습니다. 나다움이란 '좋다' 혹은 '하고 싶다'는 감정에 솔직해져야 발견할 수 있는데, 이때 새롭게 부딪히는 문제는 지금까지 지나치게 사고적이었던 사람일수록 자신의 직감이나 감각을 믿지 못한다는 점입니다.

마음의 구조를 살펴보면 '감각'은 감정보다 더 깊은 곳에 있고, '직감'은 감각을 줍는 기능 같은 것입니다. 다시 말해서 '왠지 이렇게 느껴진다'거나 '이런 느낌 저런 느낌'이라고 말할 때의 느낌이 바로 '감각'이고, '왠지 그럴 것 같다'거나 '문득 떠올랐다', '느낌이 온다'고 말할 때의 느낌이 '직감'입니다.

논리보다 감각이
더 나을 때도 있다

감각은 아주 애매한 것으로 당연하게도 논리성이 결여될 때가 많습니다. 예술과 가까이 지내 온 사람이 아니라면 대부분 어린 시절부터 '감각'보다 '사고'를 우선하는 환경에서 자랐을지 모릅니다. 학교나 가정에서는 늘 '느끼는 것'보다 '생각하는 것'을 우선 가르쳤고, 우리는 '어떻게 해야 하는가', '답은 무엇인가', '무엇이 올바른가'를 논리적으로 생각하는 훈련을 받아 왔습니다.

선생님과 부모님으로부터 "무슨 생각해?"라든가 "더 생각해 봐"라는 말을 들은 적은 있어도 "뭘 느끼고 있어?"라든가 "감정을 더 느껴 봐"라는 말을 듣는 일은 드물었을 것입니다. 오히려 자신이 느끼는 것을 솔직하게 표현하면 제멋대로라며 꾸중을 들었을지도요.

느끼는 것보다 생각하는 것을 중시한 결과 많은 사람에게 자신의 감

정(기분)을 억누르는 습관이 생긴 듯합니다. 그 결과 사고와 마음이 분리
돼 자신의 진심을 알 수 없게 된 것입니다. 그래서 '직감이나 감각을 신
뢰하라'는 말을 들어도 느낌이 잘 안 오는 것이 솔직한 심정이라고 생각
합니다.

다만 감각은 늘 작동하고 있고, 직감도 늘 오고 있다는 것을 꼭 기억
했으면 합니다. 이는 오랜 시간 사용하지 않은 탓에 감도가 떨어진 라디
오에 비유할 수 있습니다. 제대로 갈고닦으면 원래대로 사용할 수 있습
니다. 따라서 오늘부터는 문득 떠오른 것을 실행하거나, 느끼는 대로 행
동한 뒤 그 느낌이 맞았는지 검증해 보는 훈련을 해 나가 봅시다.

'문득 생각이 나서 평소와 다른 길로 집에 돌아갔더니 매력적인 가게
가 눈에 들어왔다.'

'문득 생각난 친구에게 메시지를 보냈더니 마침 나에게 연락하려고
했다고 해서 깜짝 놀랐다.'

'문득 생각이 나서 들른 가게에서 갖고 싶던 옷을 찾았다.'

이런 경험을 하면 점점 자신의 직감을 신뢰할 수 있게 됩니다. '좋은
사람이지만 왠지 느낌이 안 좋아서 친하게 지내지 않았는데, 사실은 거
짓말쟁이로 유명한 사람이었다'든가 '문득 떠오른 아이디어를 거래처에
제안했더니 기뻐했다' 같은 체험은 자신의 감각을 믿을 수 있는 계기가

됩니다. 혹은 반대로 '문득 오늘은 우산을 들고 나가는 게 좋겠다고 생각했지만 일기 예보가 맑음이라서 그냥 나갔더니 갑자기 비가 쏟아졌다' 같은 체험을 하면 '나의 직감이 맞았구나'라고 생각하게 돼 이 또한 자신의 직감을 신뢰하는 계기가 됩니다. 이는 사고가 직감을 부정하는 전형적인 사례이기도 합니다.

사고와 직감의
균형 찾기

물론 직감이나 감각이 늘 내 형편에 유리한 현실만 보여 주는 것은 아닙니다. 아무 일도 일어나지 않았다고 해서 직감이나 감각을 부정할 필요는 없습니다. 또한 검증 초기에는 직감이나 감각을 잘 믿지 못해서 생각이 많아질 때도 많습니다. '갑자기 친구에게 전화하고 싶은데, 이건 직감일까? 아니면 생각의 결과일까?'처럼 말이죠. 따라서 너무 잘하려고 애쓰지 말고 마음 편히 임하면 훨씬 잘될 것입니다.

이렇게 자신의 직감이나 감각을 검증하려고 하면 그것들에 좀 더 의식을 기울이게 되므로 전보다 문득 깨닫거나 갑자기 생각이 나는 일이 훨씬 늘어날 것입니다. 검증으로 당신이 스스로의 직감이나 감각을 신뢰할 수 있게 된다는 것은 이른바 '마음의 목소리가 들리는 상태'이자 당

결정을 해야 뭐라도 하지

신만의 기준이 확립되고 있다는 증거입니다.

저는 세미나 내용도, 그 내용을 고지하는 시기도 너무 많이 생각하지 않고 정하려 합니다. '이 강좌는 예전에 좋은 반응을 얻었으니까…' 하는 생각으로 기획했다가 참가자를 모집하는 데 곤란을 겪은 적도 있고, '이 주제 왠지 재미있을 것 같은데?'라는 감각에 따라 세미나를 열었다가 여러 번 큰 성공을 거둔 적도 있습니다.

또한, 책 집필 의뢰를 받았을 때 '이 주제로 책을 쓰면 안 팔릴 거야'라는 생각이 들었지만 책을 내고 싶다는 욕심 때문에 저의 직감을 무시하고 책을 쓴 적도 있습니다. 예상대로 들인 수고에 비해 판매가 아쉬워서 '내 직감을 믿고 출판사에 다른 제안을 했으면 좋았을 텐데' 하며 크게 후회한 적도 있습니다. 그 책을 읽을 때면 '그때는 타이밍이 좋지 않았다'는 생각과 함께 더 좋은 책을 만들 수 있었을 거라는 아쉬움이 듭니다. 여러분도 회사에서든 가정에서든 종종 이런 경험을 하지 않나요?

감각으로 결정한 것을
신뢰하라

"동료들은 하나같이 좋은 사람들이지만 대기업 특성상 의사 결정을 하는 데 시간이 많이 걸려요. 더 빠르게 일을 처리하고 싶은데 이것저것 의논해야 할 것들이 많아서 골치가 아픕니다."

"아이를 낳은 뒤 육아가 제 생활의 전부가 돼 버렸어요. 아이는 너무 예쁜데 육아가 생각보다 힘들어서 회사를 다니는 남편이 부럽네요. 저도 아이를 낳기 전에는 열심히 일했던 사람이라 더더욱 그런지도 모르겠어요."

회사 일로 고민하고 있는 내담자에게 저는 "그 회사, 본인에게 맞다고 생각하세요?"라고 묻습니다. 육아로 지친 내담자에게는 "그 생활 방식이 당신과 잘 안 맞는 것 아닐까요?"라고 말합니다.

특히나 쉬지 않고 레일 위를 걸어온 사람들은 '이렇게 하는 게 당연하다'는 상식에 무의식적으로 갇혀 있고, 그 당연함이 자신에게 잘 맞는지 제대로 검증하지 않은 경우가 많습니다. 자신에게 맞지 않은 생활을 하면 당연히 자신의 기준은 확립되지 않습니다.

저 역시 대학을 나오면 남들처럼 기업에 취업하는 것이 당연하다고 생각했습니다. 독립해서 사업을 하는 제 모습을 상상해 본 적은 없었습니다. 회사 시스템 자체가 저와 잘 맞지 않았는데도 저는 줄곧 회사에 적응하지 못하는 스스로를 '이상하다', '틀렸다', '어리다', '아직 어른이 되지 않았다'며 부정했습니다. '나와 잘 안 맞는다'는 발상 자체를 하지 못했던 것입니다.

스스로 신뢰할 수 있는
감각 찾는 법

혹시 당신이 현재의 생활에 행복을 느끼지 못할 뿐만 아니라 고통을 느끼고 있다면 그건 당신의 문제가 아니라 단순히 당신에게 잘 안 맞는 뭔가가 있기 때문입니다. 이미 눈치챘을지 모르지만 '맞다, 맞지 않다'고 느끼는 것 역시 '감각'입니다. 그렇다면 맞지 않다는 그 감각을 믿어 보면 어떨까요?

제가 추천하는 방법은 내게 맞는 감각을 찾는 '마음 여행'입니다. 논리적으로 좋다고 생각한 것을 고르는 게 아니라 감각적으로 좋다고 느끼는 것을 택하는 것입니다. 이 방법 역시 당신을 '결정하는 사람'으로 거듭나게 할 것입니다.

예를 들어 인터넷에서 찾은 정보를 보고 '이 사람이 하는 말은 진심으로 공감할 수 있어. 나랑 잘 맞는 것 같아'라든가 '좋은 말을 하고 있긴 한데 왠지 잘 안 와닿네. 그럼 나는 이 사람이랑 잘 안 맞는 걸까' 등과 같이 당신의 감각에 딱 맞는 것을 찾아보는 것입니다.

다시 말해서 감각을 안테나로 삼고 '마음 편하다', '호감이 간다', '왠지 느낌이 좋다', '재미있다', '즐겁다', '설렌다'고 느끼는 것을 확인해 나갑니다. 평소에 무의식적으로 하고 있는 일들은 의식적으로 해 봅니다. '역시 이 가수의 노래는 좋아. 가사가 내 마음을 울려', '이 사람의 센스는 정말 흥미로워. 나랑 잘 맞는단 말이지'처럼 말이죠. 그렇게 자신의 감각에 딱 맞는 것을 발견하면 메모해 두세요.

옷을 사러 가도 의식적으로 자신의 감각을 믿어 보세요. '이 옷, 예쁘긴 한데 나한테는 좀 화려하려나'라고 생각하지 말고 '이 옷은 내 감각이랑 잘 맞는 것 같아'라고 순수하게 인정하고 계산대로 향해 보세요. 다른 사람의 눈을 의식하지 않고 자신의 감각만으로 옷을 고르는 건 꽤 즐거운 일입니다. 때로는 티피오(TPO: Time, Place, Occasion)에 맞는 옷을 생각해서 고르는 것도 나쁘지 않습니다.

나도 모르게 생기는 불안 처리하기

그렇지만 자신도 모르게 '화려한 옷은 나랑 안 어울린다고 하면 어떡하지' 하며 불안을 느끼면 어떻게 해야 할까요? 일단 불안을 느끼는 모습 역시 나의 솔직한 모습이기 때문에 '그렇구나, 아직 자신이 없어서 불안하구나' 하고 그 마음을 받아들이면 됩니다. 그러고 나서 자신의 감각이 화려한 옷을 좋아한다는 데 의식을 기울여 보세요. 분명 당신의 가슴은 두근두근할 것입니다. 그리고 머릿속으로 부정적인 의견을 날려 버리는 활동을 해 봅니다.

머릿속에서 종이와 펜을 준비합니다. 그리고 친구나 부모님에게 들을 법한 부정적인 의견을 적고 그것을 꾸깃꾸깃 구겨 휴지통에 버립니다. 이 활동을 반복하면 불안감이 훌쩍 사라지는 순간이 종종 있습니다. 이처럼 일상의 다양한 상황에서 감각을 사용하면 점차 자신의 감각에 따라 결정할 수 있게 됩니다. 직감이나 감각은 당신이 편안함을 느끼는 것들을 가르쳐 주는 든든한 내 편이 되고, 당신은 결정할 수 있는 사람으로 거듭날 것입니다. 나아가 직감이나 감각을 사용해서 당신에게 딱 맞는 것을 찾는다면 자아 정체감이 명확해지고 자기만의 기준이 만들어질 것입니다.

결정을 방해하는 것들
정리하기

　감각적으로 나에게 맞는 것을 찾다 보면 반대로 나와 맞지 않는 것도 눈에 들어오게 됩니다. 이것은 당신의 기준이 명확해지고 있다는 증거이기도 합니다.

　'요리가 더 수월해지지 않을까 싶어서 샀는데 내 감각과 잘 맞지 않아서 안 쓰게 된 주방용품'이나 '업무에 활용하려고 샀는데 몇 쪽밖에 읽지 않은 책', '유용할 것 같아서 설치했는데 의외로 쓰지 않은 애플리케이션'. 이런 것들이 있다면 부디 버리거나 삭제하거나 중고 거래 애플리케이션으로 판매하는 것을 추천합니다. 3장에서 여러 가지 강박을 버린 당신이지만 이번에는 실제로 물건을 버려 보는 것입니다. 진정한 정리인 셈이죠. 그리고 당신이 꼭 해 봤으면 하는 활동은 바로 '인간관계 정리'입니다.

물건도, 사람도
내 기준에 맞춰라

주변에 이런 사람들이 있다면 과감히 정리해 보세요.

'나와 가치관은 안 맞지만 학창 시절부터 이어진 오랜 인연이니까.'

'마음은 잘 안 맞지만 이 사람이랑 어울리면 비즈니스상의 이점은 있으니까.'

'옛날에는 사이가 아주 좋았지만 내가 결혼하고 아이를 낳은 후에는 잘 안 맞게 됐다.'

여기에서 말하는 '정리'란 '연락처 목록에서 삭제한다', '자주 만나지 않는다', '어색하게 연락을 주고받는 것을 그만두다' 등입니다. 심성이 착해서 타인의 감정을 우선하는 사람은 종종 이런 불편한 관계를 감내하며 인간관계를 지속하는데, 그로 인한 스트레스는 어마어마하고 대부분 나에게 좋은 점이 없습니다. 그렇지만 인연을 끊거나 거리를 두는 것은 이들에게 '면목이 없는' 행동이라서 쉽게 할 수 없습니다.

하지만 이 역시 '머리'로 생각하고 있는 것입니다. 당신의 마음은 '싫다'고 신호를 보내고 있습니다. 마음의 신호를 따라 보면 어떨까요? 실제로 해 보면 알 수 있겠지만 놀라울 만큼 마음이 개운해지고 기분이 가벼워질 것입니다.

이런 이야기를 들으면 '그 사람과 잘 맞지 않는다고 생각하는 나에게도 문제가 있는 게 아닐까? 내가 달라져서 그 사람을 받아들이는 게 더 좋지 않을까?' 하며 의문을 제기하는 사람도 있을 것입니다. 분명 맞는 말입니다. 하지만 상담사인 저는 이런 조건을 붙입니다. "만약 그렇게 하고 싶다면…" 하고 말이죠.

만약 가치관이 맞지 않는 사람과의 관계를 개선하고 싶다면 저는 당신을 응원하고, 도움이 될 만한 방법을 이것저것 제안할 것입니다. 하지만 그렇지 않다면 그런 사람들과는 더더욱 거리를 두는 게 정신 건강에 좋습니다. 조금 용기를 내서 나와 잘 안 맞는 사람과 거리를 두는 건 어떨까요? 이것이야말로 당신의 감각에 따르는 행동이고, 스스로를 더 심플하게 만드는 방법입니다.

내 결정에 확신 더하기 5단계

◇ '나'는 어떤 사람인가요? 무엇을 하고 싶고, 어떤 가치와 재능이 있는지 생각해 봅시다.

◇ 내 정체성을 확립하기 위해서는 연습이 필요합니다. '나'를 주어로 자기소개 글을 써 보세요.

◇ 인생에서 '꼭 하고 싶은 것'을 100가지 적어 보세요. 그리고 그중에서 '지금 할 수 있는 것'을 찾아 보세요.

◇ 당신의 감각에 딱 맞는 물건이나 사람, 장소를 기록해 두는 습관을 들입시다.

◇ 당신에게 딱 맞지 않는 물건이나 애플리케이션, 인간관계를 정리해 봅시다.

6장

내 결정에
힘을 싣는 법

결정이 심플해지는 기술 활용하기

이 여행도 이제 두 개의 주제밖에 남지 않았습니다. 이전 장에서는 당신이 흔들리지 않도록 나만의 기준을 세웠습니다. 이번 장에서는 당신의 기준으로 생각하고 스스로 결정하기 위한 준비를 할 것입니다. 스스로 결정하는 섬에 상륙하기 위해 의식해야 할 것을 말씀드리겠습니다.

지금까지 많은 활동을 하며 자기 자신과 마주한 당신은 스스로 결정하지 못했던 과거를 뒤돌아보고 후회하거나 자책했을지도 모릅니다. 그러나 오늘은 '결정하지 못하는 당신'도 결코 나쁘지 않았다고 생각할 수 있는 이야기를 하려 합니다.

자기 자신을 들여다보는 데 익숙하지 않은 사람은 피로감을 느낄지도 모릅니다.

하지만 이 단계를 지나면 스스로 결정하는 섬에 도착할 것입니다.

내가 좋은 것을
선택하라

2장에서 '정답이 무수히 많이 존재하는 시대'를 이야기했습니다. 우리가 지금 살고 있는 시대는 무조건 열심히만 한다고 행복해질 수 있는 시대가 아닙니다. 지금은 자기 자신이 확실하게 존재해야만 자유롭게 내 삶의 방식을 결정할 수 있는 시대입니다. 반대로 자신만의 기준 없이 주변과 비교하기만 하면 다양한 가치관에 휘둘리며 삶이 고통스럽게 느껴집니다.

이번 장에서는 현재 시대에서 스스로 결정하고, 자신의 결정에 자신감을 갖기 위해 필요한 포인트를 이야기하려 합니다. 역시 가장 중요한 것은 여러 번 언급했듯이 자신의 감정에 솔직해지는 것입니다(저는 세미나와 상담을 할 때 중요한 점은 여러 번 언급합니다). 자신의 감정에 솔직해진다는 것은 무엇일까요? 그것은 '좋다' 혹은 '하고 싶다'라는 마음을 중시하는 것입니다. 매우 간단하죠.

조금 더 이기적으로 결정해도 괜찮다

앞으로 당신은 스스로 내린 결정을 관철하려고 할 때 주변 사람의 말을 듣고 주저하거나 갈피를 잡지 못하는 순간이 자주 찾아올 것입니다. 그럴 때면 마음속으로 이렇게 말해 보세요.

'생각이 많을수록 심플하게.'
'스스로 마음 가는 대로 결정해도 좋아.'

저도 가능한 한 이런 식으로 결정하려 합니다. 예를 들어 출장지까지의 이동 수단이나 숙소를 고를 때 저의 감각을 믿는 것입니다. 저의 단골 숙소인 호텔에는 정원에 나무가 있고 개인적인 공간과 발코니가 있습니다. 창을 열 수도 있기 때문에 개인적으로 굉장히 만족합니다. 앞서 이야기했듯이 저는 세미나의 주제도 제가 그때그때 좋아하는 것을 고릅니다. 함께 일하는 동료와 스태프도 제가 좋아하는 사람들입니다.

저는 글을 쓸 때도 제가 좋아하는 장소에서 씁니다. 예를 들어 호텔 라운지의 분위기를 좋아해서 커피를 몇 번이고 리필하면서 집필할 때도 있고, 오사카나 후쿠오카에는 컴퓨터로 작업할 수 있는 바가 있어서 글을 쓰다가 막힐 때는 그곳에서 가볍게 술을 마시며 문장을 적습니다.

저뿐만 아니라 가족도 오키나와를 아주 좋아해서 짬이 날 때면 적극적으로 오키나와에 가려고 합니다. 오키나와를 너무 좋아해서 저희 가족은 여러 번 오키나와 이주를 논의했습니다. 어쩌면 가까운 시일 내에 실현될지도 모릅니다.

저도 그렇고 제 주변 사람이나 고객들에게도 똑같은 이야기를 듣는데, 자신의 마음이 느끼는 '좋다'는 감각을 우선해서 결정하면 점점 인생이 자유로워집니다. 그렇게 쉽게 결정하지 못하겠다고 생각할지도 모르지만, 쉽게 결정하지 못할 때마다 간단하게 결정해 보는 것입니다. 가치관이 다양하고 복잡해진 사회에서 행복하게 살아가는 비결은 '심플하게 결단하는 것'입니다.

하지만 갑자기 '좋다'는 감각에 따라 모든 결정을 내리기는 어렵기 때문에 일단 가능한 것부터 시작해 보기 바랍니다. 옷이나 액세서리, 음식도 좋고, 자신의 방이나 사무실 책상 위의 물건을 모두 좋아하는 것으로 바꿔 보는 것도 추천합니다. 나아가 휴일이나 일이 끝난 후의 휴식 시간을 어떻게 보낼지도 당신이 좋아하고 하고 싶은 것들로 채워 보세요. 이 역시 '검증'입니다. 좋아하고 하고 싶은 일을 해서 긍정적인 변화를 많이 경험하면 이직이나 사업, 결혼, 이혼, 출산 등 인생의 큰 사건도 나답게 결정할 자신이 생깁니다.

좀 더 당신의 마음이 내키는 대로 결정해도 좋습니다. 우선은 스스로에게 허락하는 것부터 시작해 보면 어떨까요?

청개구리처럼
선택하라

한 사업가가 인터뷰에서 이런 이야기를 했습니다.

"새로운 아이디어가 떠오르면 주변 사람에게 의견을 묻습니다. 10명에게 물었는데 절반 이상이 동의하면 그 아이디어는 이미 많은 사람이 알고 있고 제품화가 진행 중이라고 판단해서 폐기합니다. 10명 중 몇 명이 동의하면 그 아이디어는 이미 퍼지고 있고 제품화를 위한 움직임이 시작되고 있을 것입니다. 10명 중 1명이 동의한 경우라면 그 아이디어는 이미 누군가가 떠올렸을 것이고 내가 간발의 차이로 늦었다고 판단하고 폐기합니다. 10명 중 그 누구도 동의하지 않은 아이디어는 아직 아무도 떠올리지 못한 것이라고 판단하고 그것을 실행합니다."

저는 이 이야기를 읽고 큰 감명을 받았습니다. 보통은 반대로 생각합니다. 모두가 동의하는 아이디어는 성공할 거라고 말이죠. 하지만 이 사업가는 그렇지 않습니다. 반드시 그 누구도 생각해 내지 못한 아이디어를 상품화해야 한다는 신념을 갖고 있습니다.

하지만 10명 모두가 반대하는 아이디어를 실현하려면 큰 용기가 필요합니다. 이런 사람이 시대의 최선단을 달리고 성공하는 것이라고 생각합니다. 여러분에게는 이런 용기가 있나요?

반대 의견에
집착하지 않아도 된다

이 일화의 교훈은 '다수결에는 주의가 필요하다'는 것입니다. 다수결은 굉장히 바람직한 결정 방식처럼 느껴집니다. 누구나 초등학교 때 학급 회의에서 다수결로 결정해 본 경험이 있을 것입니다. 다수결은 민주적이고 올바른 방식으로 여겨지지만 자신의 인생을 개척하고 싶은 사람이나 나답고 충실한 인생을 걸고 싶은 사람에게는 주의해야 할 방식입니다. '이 사람도 저 사람도 좋다고 하니까 이걸로 할까' 같은 결정 방식은 말 그대로 타인 중심으로 생각하는 것이기 때문에 이런 생각이 들면 잠시 멈춰서 제동을 걸고 다시 한 번 자신의 마음을 들여다볼 필요가 있습니다.

저는 제가 재미있다고 생각하는 아이디어가 떠오르면 다른 사람에게 의견을 묻는데, 이것은 어디까지나 참고 의견입니다. 따라서 다른 사람이 반대를 하든 찬성을 하든 '그런 의견도 있구나' 하는 정도로 귀 기울이려 합니다. 최종적으로 제가 하고 싶으면 하고, 내키지 않으면 하지 않습니다.

물론 저도 주변 사람에게 의견을 묻고 그 의견에 휩쓸릴 때가 많았습니다. 제가 '이렇게 하고 싶어요'라고 주변에 의견을 물었을 때 절반 이상이 동의하면 안심하고 행동할 수 있지만 반대하는 사람이 많으면 재미있게 느껴졌던 아이디어도 폐기하곤 했습니다. 점점 다른 사람에게 의견을 묻기가 두려워졌습니다.

이혼이나 이직 문제로 상담을 받으러 온 저의 내담자 중에도 다른 사람들의 의견에 휘둘리는 분들이 있었습니다.

"남편과 이혼하려고 마음먹고 가족과 친구에게 의견을 물어봤어요. 그런데 다들 "나이도 먹을 만큼 먹고 무슨 말을 하는 거야? 이제 와서 이혼해서 뭘 어쩌려고? 힘들 게 뻔하잖아?"라고 하더군요. 저는 큰마음을 먹고 의견을 물었는데 다들 강력하게 반대해서 이혼하지 않는 게 나을 지도 모르겠다는 생각이 들기 시작했어요."

그 이야기를 듣고 저는 언제나처럼 "어느 쪽이든 좋다고 생각해요. 어느 쪽을 택하든 행복해질 수 있어요. 중요한 건 스스로 결정하는 거예요"라고 말했습니다. 이혼이나 이직뿐만 아니라 옷을 살 때, 뭔가를 배우기 시작할 때, 여행을 갈 때 등등 여러 사람에게 의견을 구하고 다수결로 결정하려는 것은 타인 중심으로 생각하는 것입니다. 자기중심이 확실하게 존재하면 다른 사람의 의견을 참고하는 정도로 들을 수 있지만 그렇지 않으면 다른 사람의 의견에 휘둘리고 맙니다.

당신에게는 10명 중 3명밖에 찬성하지 않았던 아이디어를 실행할 용기가 있나요? 그 용기를 갖는 비결은 바로 나만의 기준으로 생각하는 것입니다.

주변 사람들에게
답을 묻지 마라

이번에는 마음의 좀 더 깊은 영역에 대해 이야기하려 합니다. 어쩌면 지금까지 한 이야기가 모두 세차게 날아가 버릴지도 모릅니다. 왜냐하면 사실 우리는 이미 결정을 했기 때문입니다.

가령 A와 B라는 선택지가 있을 때 머리로 고민하고 감정이 혼란스러워서 좀처럼 결정을 내리지 못하는 상태가 된다고 합시다. 그러나 잠재의식의 깊은 영역에서는 이미 A와 B 중에서 어떤 것을 택할지 결정을 내렸습니다.

사실은 선택지가 눈앞에 나타난 순간 직감적으로 어떻게 할지를 이미 결정한 것입니다. 심지어 그 결정 방식도 이미 정해져 있습니다. 예를 들면 이런 식입니다.

'생각하고 또 생각해서 일단 A로 결정했는데 갑자기 불안해져서 지인 세 명에게 의견을 물었다. 하지만 각각 다른 세 가지 의견이 머릿속을 더 복잡하게 만들었고 결국 상담사를 찾아갔다. 그런데 상담사에게 "마음 가는 대로 하세요"라는 말을 듣고 머릿속이 더 복잡해졌다. 결국 A가 아니라 B로 결정했다. 일시적으로는 마음이 후련했지만 아무래도 감정은 혼란스러워서 한동안 A와 B 둘 중 어느 것도 선택하지 못하는 상태가 지속됐다. 그동안 자기혐오도 극심해졌다. 그리고 두 달 정도 지난 어느 날 갑자기 A를 하기로 결정했다.'

믿을 수 없는 이야기지만 잠재의식의 깊은 영역에서는 이미 결정을 내린 것입니다.

당신은
이미 답을 정했다

A와 B라는 선택지를 본 순간 당신의 직감은 곧바로 A를 골랐습니다. 그러나 그 후의 망설임은 지금까지 이야기한 내용으로 설명할 수 있습

결정을 해야 뭐라도 하지

니다. 혹시 눈치채셨나요? 직감적으로 A를 결정했지만 확실하게 결정하지 못하는 이유 중 하나는 우리의 머리가 사고를 시작하기 때문입니다. 과거의 경험이나 주변으로부터 얻은 정보를 토대로 어느 쪽이 유리할지를 가늠하고, 리스크를 계산하고, 이점과 단점을 생각하기 때문에 결정을 내리지 못하는 것입니다.

두 번째 이유는 감정입니다. 과거의 경험에 의한 불안이나 공포, 불신 등이 흘러나와 혼란스러워지는 것입니다. 그렇기 때문에 지금까지 이야기했듯이 의식적으로 사고보다는 마음을 우선하고 감정을 정리함으로써 '머리'와 '마음'을 일치시켜 나가야 합니다. 정확하게 말하면 마음의 선택지를 머리가 받아들이는 것입니다. 그렇게 하면 마음의 결정을 의심 없이 따를 수 있게 됩니다.

앞으로도 인생의 기로에서 결정을 앞두고 망설이는 순간은 계속 찾아올 것입니다. 그럴 때는 '이미 나는 결정했을 거야. 아직 어느 쪽이 좋을지는 모르겠지만'이라고 생각해 보세요. 그것만으로도 마음의 스트레스가 줄어들 것입니다.

나의 모든 결정을
긍정하라

앞서 '마음이 결정한 것을 머리가 받아들인다'고 이야기했습니다. 이 책뿐만 아니라 심리학을 다룬 책을 봐도 사고나 이성이 부정적으로 서술되곤 하는데, 그렇다면 '사고'는 중요하지 않을까요? 물론 그렇지 않습니다. 사고는 사고대로 매우 중요한 역할을 합니다. 사고는 직감이나 감각에 따라 결정한 것을 현실에 적용할 때 큰 활약을 합니다.

저는 사고가 '마음과 사회를 연결하는 가교'라고 생각합니다. 마음, 잠재의식은 매우 추상적인 데다 감각적인 제안을 해 옵니다. '사업을 해 보면 어때?', '이혼은 안 하는 편이 좋아', '오키나와로 이주해 볼까' 하는 식으로 말이죠. 당연히 머리는 그것을 결정하지 않았기 때문에 이때는 마음과 머리가 일치하지 않습니다. 이 단계에서 사고는 혼란스러움, 불안, 초조함, 난감함을 경험합니다. 이때 부정적인 감정을 정리하면서 직감이나 감각이 결정한 답을 실행하기 위한 프로그램을 작성하는 것이 머리, 즉 사고의 중요한 역할입니다.

결정하지 못했던
과거의 나도 나쁘지 않다

그렇게 생각하면 지금까지의 '결정하지 못한 나'는 사고와 감정을 반대로 사용했을 뿐 아무것도 잘못하지 않았음을 알 수 있습니다. 생각을 많이 하는 사람은 직감의 목소리를 실현하기 위해 '생각하는 훈련'을 해 왔던 것입니다.

'A로 결정하면 저 사람은 걱정하겠지'라고 생각한 사람은 '걱정하지 않도록 이렇게 말하자'고 생각할 수 있습니다. 지금까지 결정하지 못했던 것은 단지 마음의 목소리를 듣는 귀를 제대로 갖추지 못했기 때문입니다. 직감이나 감정에 귀를 기울일 수 없으므로 '마음의 목소리를 실현하기 위해 생각하는 것'은 오히려 쉽게 느껴질지도 모릅니다.

또한 정체성을 상실할 정도로 주변에 휩쓸렸던 것도 관점을 바꿔 생각해 보면 '주변 사람의 감정을 살피는 능력'이 뛰어나다고 볼 수 있습니다. 다시 말해서 예민한 감성을 가진 사람인 것입니다. 그 감성을 살리면 내 마음의 목소리에 귀를 기울이고, 동시에 주변 사람을 계속해서 배려하면서 그들의 지지를 더 쉽게 받을 수 있지 않을까요?

완벽주의자 혹은 우등생이었던 당신은 성실한 만큼 주변 사람의 신뢰를 받는 존재입니다. 늘 중재자 역할을 해 온 당신은 그 이름처럼 주변 사람에게 다리를 잘 놓고, 자전거의 허브처럼 사람과 사람을 연결하는 데 뛰어납니다. 스스로 결정하지 못할 때 자기혐오도 극심하고 스스로에게 자신감을 갖지 못했을지도 모릅니다. 하지만 알고 보면 다양한 강점을 갖고 있다고 말할 수 있습니다.

나이가 들어서 종종 '젊었을 때는 엉망진창이었지' 하면서도 그때를 그리워하고 긍정적으로 돌이켜 보는 어른들이 있습니다. 당신도 결정하지 못했던 과거를 '나쁘지만은 않았지' 하며 회상해 보는 것도 좋지 않을까요?

결정을 해야 뭐라도 하지

내 결정에
사람들의 YES를 끌어들여라

제 이야기를 해 보려 합니다. 저는 도쿄에서 세미나 룸을 운영하고 있습니다. 그곳을 이어받아 운영하기로 결정했을 때의 이야기입니다.

어느 날 세미나 룸의 전 운영자가 갑자기 "이곳을 처분할 생각인데 괜찮으면 당신이 인수하지 않을래요?"라며 제안을 했습니다. 너무 깜짝 놀랐지만 당시 저는 직감적으로 '네!'라는 답을 떠올렸습니다. 20년 가까이 여러 장소에서 세미나를 했는데, 이 세미나 룸은 그중 가장 마음에 드는 곳이었습니다. 그곳을 제 마음대로 쓸 수 있다고 생각하니 두근거림이 멈추지 않았습니다.

하지만 냉정하게 생각해 보자 이런저런 리스크들이 떠올랐습니다.

애초에 저는 오사카에 살고 있었으니 당연히 도쿄에 있는 이곳을 자주 사용할 순 없습니다. 그렇다면 세미나 룸의 관리자를 고용해야 합니다. 또한 세미나 룸을 운영해 본 경험도 없고, 그 당시에는 이미 굉장히 바빴기 때문에 그곳에 신경을 쓸 수 있을지 생각해 보면 그 답은 자명했습니다. 게다가 임대료도 굉장히 비쌌습니다. 고정비를 늘리고 싶지 않은 경영자의 입장에서는 당연히 주저할 수밖에 없었죠. 그래서 운영자에게 생각할 시간을 요청하고 곧바로 작전 회의를 열기로 했습니다.

내 결정에 따를 사람은
항상 있다

머리로 생각하면 앞서 나열한 이유들 때문에 인수를 거절하는 것이 일반적일 것입니다. 그러나 제 마음은 '좋아요! 기꺼이!'라고 말하고 있었습니다. 그곳을 인수하지 못하는 것은 제게 너무나 괴로운 일이었기 때문에 저는 마음의 목소리를 실현하기 위한 방법을 생각하기로 했습니다.

우선 혼자서는 도저히 관리까지 할 수 없었기 때문에 동료들에게 연락해서 운영을 도와줄 수 있는지 물었습니다. 가장 먼저 아내에게 의견을 구했는데, 아내는 제가 늘 내담자들에게 말하듯이 "당신이 하고 싶으면 하면 되지 않아? 나도 거기서 크리스탈 볼 연주회를 열 수 있을 것 같고 말이야!"라며 오히려 기뻐했습니다. 또한 스태프 중 한 명은 자기 일처럼 나서서 지원을 약속했습니다. 다른 스태프들도 기꺼이 청소와 물품 관리를 맡아 줬습니다. 회사를 경영 중인 친한 친구도 "지인 중에 강사가 많으니까 열심히 홍보할게"라고 말해 줬습니다.

이들의 목소리에 힘입어 몇 시간 후 세미나 룸을 인수하겠다고 회신할 수 있었습니다. 이처럼 마음의 목소리를 따르면 일이 원만하게 진행됩니다.

머리로 생각하면 세미나 룸을 인수하는 것은 명백한 리스크에 불과할지도 모릅니다. 그러나 마음의 목소리는 때때로 머리와 정반대의 결론을 제시해서 우리를 혼란에 빠뜨립니다. 그럴 때 저는 마음의 목소리를 우선합니다. 그리고 마음의 목소리를 실현하기 위해 최대한 '사고'를 사용합니다.

구체적으로 말하자면, 제가 경험했듯이 마음의 목소리를 실현하기 위해서는 동료나 서포터가 반드시 필요합니다. 앞서 소개한 스태프와 친구들뿐만 아니라 세무사, 다른 동료들에게도 이것저것 의견을 구했고, 실제로 지금도 팀을 꾸려 세미나 룸을 운영하고 있습니다.

당신도 직감을 실현하기 위해 사고를 이용해 보면 어떨까요?

더 이상
생각하지 않는다

상담을 하다 보면 내담자들에게 '결정할 용기가 없어요'라든가 '왜 저는 용기가 없을까요'라는 말을 자주 듣습니다.

"한번 결정하면 돌이킬 수 없어."
"번복하는 건 불가능해."
"어떻게든 해내야 해."
"하지만 아직은 그만큼의 각오가 안 돼 있어."

여러분도 그렇게 느낀 적 있으신가요? 어쩌면 이런 갈등을 하고 있을

지도 모릅니다. 망설이고 있다면 아직 머리로 생각하고 있거나 마음의 목소리에 귀를 기울이지 못하는 것인지도 모릅니다. 왜냐하면 사실 당신은 이미 결정했기 때문입니다.

결정은 끝났다
이제는 행동하라

저도 매일 다양한 결정을 내립니다. 앞서 세미나 룸을 인수하는 문제처럼 큰 결정을 할 일은 많지 않지만, '어떤 세미나를 열 것인지', '언제 상담을 열 것인지', '후쿠오카에 간다면 언제 갈 것인지', '세미나 공동 개최 제안을 수락할 것인지', '원고를 오늘 쓸 것인지 말 것인지', '이대로 호텔로 돌아갈 것인지 한 잔 더 할 것인지' 등등 여기에는 다 쓰지 못할 정도로 수많은 결정을 내리고 있습니다.

곧바로 결단을 내릴 때도 있는가 하면 망설이고 또 망설일 때도 적지 않습니다. 그럴 때 저는 스스로에게 말합니다. "사실은 벌써 결정했으면서" 하고 말이죠. 그렇습니다. 제가 어떻게 할 것인지는 필시 순식간에 결정됩니다. 하지만 그 결정에 감정이나 사고가 간섭하면 선택을 망설이게 되죠.

나에게 또 다른 메시지를 보낸다면 이렇게 보낼 수 있습니다.

"나다운 게 어떤 걸까?"

저는 이 질문을 빈번하게 던집니다. "이럴 땐 어떻게 하는 게 더 나다운 걸까"라는 물음은 핵심에 가까워지는 질문입니다. '그 이야기를 들었을 때 순간 가슴이 두근거렸지. 하고 싶은 마음이 있다는 뜻이겠지'라고 해석하거나 '조금 무리를 하면 이 일정으로 후쿠오카에 못 갈 것도 아니지만, 별로 내키지 않는다면 나답지 않다는 거겠지'라며 다시 생각을 고쳐먹기도 합니다.

따라서 '결정하는 데 용기가 필요한가'라는 질문에 저는 '필요 없다'고 대답합니다. 왜냐하면 제 마음 깊은 곳에서는 이미 결정을 내렸기 때문입니다. 애초에 결정에 용기가 필요하다고 느끼는 이유는 결정에 앞서 어떤 불안이나 공포를 느끼고 있기 때문인데, '마음 깊은 곳에서는 이미 결정을 내렸다'고 받아들일 수 있다면 용기는 필요하지 않습니다. 용기는 자신의 직감(마음의 목소리)을 신뢰하고 그 결정을 받아들여서 그 대답을 따를 때 필요한 것입니다. 그럼 이런 의문이 떠오를 것입니다.

'결정을 했지만 막상 행동하려고 하니 무서워서 움직일 수 없다.'

이것은 '결정하는 용기'가 아니라 '행동하는 용기'에 관한 문제입니다. A와 B라는 선택지 중에서 내 마음이 A를 선택했고, 이 선택을 받아들여 A로 결정을 내립니다. 그러나 A를 실제로 실행할 때 두려움이 나오는 것입니다. 이때의 두려움은 대부분 '과거의 데이터에 근거한 두려움'입니다. 2장에서 이야기한 '왜 결정하지 못하는가'라는 주제로 연결되는 것입니다.

'행동'은 '결정'의 일부입니다. 행동하기로 결정했기 때문에 행동할 수 있는 것이죠. 따라서 행동을 주저하고 있다면 2장으로 돌아가 다시 천천히 읽어 보는 것도 좋습니다. 다시 2장으로 돌아왔다며 낙담할 필요는 없습니다. 여기까지 온 여러분은 이미 '결정하는 경험치'를 갖고 있습니다. 따라서 생각보다 빨리 이 페이지로 다시 돌아올 수 있을 것입니다. 주사위 게임에서 볼 수 있는 '출발점으로 돌아가기'와 전혀 다르다고 생각합니다.

내 결정에 확신 더하기 6단계

◇ '나는 어떤 삶의 방식을 행복하다고 느낄까?', '나는 어떤 일로 돈을 벌어야 기쁨을 느낄까?', '내가 가슴 뛸 수 있는 가정은 어떤 형태일까?', '나는 정말 뭐가 하고 싶은 걸까?' 등등의 질문을 스스로에게 던져 보세요.

◇ 직감적 혹은 감각적으로 얻은 답을 적어 보세요. 답이 '잘 모르겠다'라도 상관없습니다.

◇ 위 질문들을 떠올렸을 때 스스로에게 묻고 그 답을 메모하는 습관을 들여 봅시다.

◇ 좋아하는 것, 하고 싶은 것을 가능한 범위 내에서 해 보고 성공한 경험을 기록해 보세요. 자신감을 얻을 수 있을 것입니다.

◇ '문득 생각 난 것(직감)'을 실현하기 위해 의식적으로 사고를 사용해서 생활해 보세요. 대단한 것이 아니라도 좋습니다.

◇ '문득 책을 읽고 싶다', '문득 튀김이 먹고 싶다', '문득 바다가 보고 싶

다' 같은 직감을 부정하지 말고 그것을 실현하기 위한 계획을 생각해 보세요. 이 활동을 반복하면 직감을 신뢰할 수 있게 됩니다.

◇ 그것을 실현하기 위해 사고를 사용하는 습관을 들여 봅시다.

7장

결정을 해야
뭐라도 하지

인생을 확신으로 채우기

드디어 마지막 주제입니다. 이 여행의 전반부에서는 나 자신을 알고, 결정하지 못하는 원인을 파악하고, 나를 구속하는 갑옷을 벗어던짐으로써 나의 기준을 확립할 준비를 했습니다. 그리고 후반부에서는 주로 진정한 나와 마주하고, 나의 감각과 연결하고, 자기중심을 두텁게 하는 데 집중했습니다.

지금 당신은 스스로 결정할 수 있는 섬의 코앞까지 왔습니다. 마지막 주제는 결정하는 사람에 가까워지고 있는 당신이 실제로 어떻게 결정하면 좋을지를 이야기하려 합니다. 드디어 스스로 결정하는 날이 온 것입니다.

당신은 앞으로의 인생에서 스스로 결정해야 하는 상황을 수없이 마주할 것입니다. 그때마다 어떤 것들을 의식해서 결정해야 하는지 그 핵심을 전하려 합니다.

후회 없는 인생이란 자신의 길을 스스로 정하고 그것에 자신감을 갖는 것이라고 생각합니다. 당신이 내일부터 자신감을 갖고 자신만의 인생을 살아갈 수 있도록 모든 것을 이야기하겠습니다.

인생은
선택과 결정의 연속이다

'결혼, 이혼, 출산, 이직, 사업, 이사, 오늘 입을 옷과 점심 메뉴…'

인생의 큰 이벤트부터 일상생활까지 우리의 삶은 '결정'의 연속입니다. '왠지' 하는 마음으로 결정할 때도 있고, 고심 끝에 결단할 때도 있습니다. 예를 들어 이 책을 읽고 있는 당신도 '이 책을 읽자'고 결정해서 읽고 있습니다. 따라서 우리는 무의식중에 늘 뭔가를 계속 결정한다고 할 수 있습니다.

그런데 '혹시 실패하면 어떡하지', '다른 사람에게 피해를 주면 어떡하지' 같은 부정적인 감정이 뒤섞이면 갑자기 사고가 작동하고 고민이 시작됩니다. 당신은 이 책을 읽고 지금까지 부정적인 감정을 정리하는 법, 당신의 사고 패턴에서 벗어나는 법, 직감이나 감각을 신뢰하는 법을 배웠습니다. 그리고 자각하지는 못해도 '나는 이렇게 결정했다'는 것을 당신은 알고 있습니다. 나아가 어떤 선택지가 주어지고 당신이 결정을 내려야만 하는 순간에 이미 답은 나와 있습니다.

그럼 어떻게 그 답을 얻어야 할까요? 정답이란 당신의 마음을 편안하게 만들어 주는 것입니다. 그리고 그 편안함이란 당신의 감각이 가르쳐 준 것입니다.

'나의 마음이 편한 쪽으로 결정한다.'
'내 가슴이 뛰는 쪽으로 결정한다.'

이것이 스스로 결정하는 방법의 기본입니다.

내 가슴이 뛰는 쪽에
정답이 있다

논리적으로 생각하면 'No'이지만 'Yes'가 당신의 마음을 편안하게 해

결정을 해야 뭐라도 하지

준다면 'Yes'를 택하는 것이 좋습니다. 만약 무엇에 편안함을 느끼는지 잘 모르겠다면 당신의 사고 패턴의 뿌리가 여전히 깊게 남아 있거나 감정이 제대로 정리되지 않았을지도 모릅니다. 그렇다면 3장으로 돌아가 제가 제안한 활동들을 다시 차근차근 해 보세요.

물론 당신의 결정을 주변 사람들은 반대할지도 모릅니다. 하지만 당신의 마음이 그 결정을 지지한다면 한번 믿어 보세요. 그럼 나를 믿어 주는 내 편이 반드시 나타납니다.

'잘 될 것인가 말 것인가' 하는 것은 사실 매우 애매합니다. 어느 시점에서는 '성공'이라고 생각할 수 있는 것이 다른 타이밍에서는 '실패'로 여겨지는 경우도 많기 때문입니다.

경제적인 이익을 올리는 것이 반드시 행복을 가져다준다고는 할 수 없습니다. 그것은 당신의 가치관에 달려 있습니다. 이처럼 직감이나 감각에 따라 결정하는 방식은 당신이 행복해지는 결정 방식이라고 말해도 좋을 것입니다. 자기 자신을 믿고 내린 결정이기 때문에 자신감도 붙습니다.

하지만 현실적으로 직감이나 감각에 따라 결정하면 예상보다 큰 성공을 거둘 때가 많은 것 또한 사실입니다. 평소에 이런 식으로 무언가를 결정하는 습관을 들이면 인생에서 큰 결단을 내려야 할 때도 주저하지 않고 현명하게 결정할 수 있게 될 것입니다. 그럼 당신은 문제가 일어난 순간에 곧바로 결정할 수 있는 사람이 될 수 있습니다. 그리고 다른 사람들에게 '결단력 있는 사람'이라고 여겨질 수 있겠죠.

결정을 해야 뭐라도 하지

사람이 떠나는 것을
두려워하지 마라

이처럼 직감이나 감각, 혹은 내 마음이 편한 쪽으로 결정하다가 주변 사람들과의 관계가 무너지지 않을까 걱정하는 분도 있을 것입니다. 이와 관련된 어느 내담자의 사례를 소개하겠습니다. 그녀는 일을 매우 잘하는 사람이었는데, 자신도 모르게 주변 사람에게 너무 신경을 많이 써서 진이 빠질 때가 많았습니다. 회사 사람들은 하나같이 좋은 사람들이었고 그녀와도 사이가 좋아서 만족스러웠지만 한 가지 문제가 있었습니다. 그것은 회식 후에 매번 노래방에 가는 것이 너무 힘들다는 점이었습니다.

그녀는 술도 좋아하고 맛있는 것을 먹는 것도 좋아해서 회식 자리에 참석하는 것 자체는 전혀 힘들지 않았습니다. 하지만 회식이 끝나고 반드시 가는 노래방이 문제였습니다. 그녀는 노래방에 가는 것을 그리 좋아하지 않아 늘 꾹 참고 자리를 지켰습니다. 그러던 어느 날 그녀는 자신의 마음의 목소리에 따라 노래방에 가지 않기로 결정합니다. 물론 동료들에게 말하기까지는 큰 용기가 필요했습니다. 그럼에도 그녀는 자신의 감정을 받아들여 마음의 목소리를 따르기로 결정했습니다.

놀랍게도 동료들은 시원하게 그녀의 뜻을 받아들였습니다. 그녀는 동료들의 반응에 매우 놀랐을 뿐 아니라 그들을 더욱 좋아하게 됐고 회사 일에 더 큰 열정을 쏟을 수 있게 됐습니다.

이 이야기는 자신의 마음의 목소리를 따라서 일이 잘 풀린 사례입니다. 그렇지만 언제나 일이 원만하게 해결되는 것은 아닙니다.

내 결정을
누군가는 반대할 수도 있다

이번에는 다른 사례를 소개하겠습니다. 어느 회사의 2대째 사장은 오랫동안 함께해 온 거래처와의 관계 때문에 고민이 많았습니다. 선대부터 이어져 왔고 거래액도 컸기 때문에 관계를 유지해 왔지만, 갈수록 상식 밖의 요구가 잦고 거래금 연체도 빈번해서 더 이상 신뢰할 수 없게 된 것입니다. 심지어 품질도 더 뛰어나고 비용도 저렴한 기업을 발견해서 그곳으로 거래처를 바꾸고 싶은 마음이 강해졌습니다.

그는 결국 마음의 목소리에 따라 오래된 거래처와 연을 끊기로 결정했습니다. 당연히 사내에서 큰 반발이 있었습니다. 특히 오래된 직원들의 비난이 맹렬했습니다. "왜 멋대로 결정하는 거야. 물려받은 주제에!"라며 노골적으로 비판하는 직원도 있었고, 거래처로부터 폭언에 가까운 말을 듣기도 했습니다. 하지만 그는 비판을 견디고 자신의 결정을 믿었습니다. 많지는 않지만 그의 뜻에 동의해 준 직원들도 있었고 무엇보다 더 나은 회사를 만들고 싶다는 마음이 그의 결정을 지탱해 줬습니다.

하지만 이런 혼란스러움은 직원들에게도 퍼져 나가 점차 사기가 떨어졌습니다. 사소한 실수가 속출해 다른 거래처에 폐를 끼치는 일도 일어났습니다. 그러나 그는 굴하지 않고 자신의 뜻에 반대하는 직원들에게 새로운 거래처와 계약했을 때의 이점을 설명했습니다. 여러 번 마음이 꺾일 뻔했지만 그때마다 자신의 마음의 목소리를 계속 믿었습니다.

결국 그는 현장 직원들에게 새로운 거래처의 상품이 훨씬 질이 좋다는 것, 비용 절감 효과가 있다는 점 등을 설명하며 결정을 납득시키는 데 성공합니다. 새로운 거래처의 영업 사원은 과거의 거래처에 비해 훨씬 신사적이었기 때문에 사장인 그의 결정을 지지하는 동료들이 늘어났습니다. 성과는 그뿐만이 아니었습니다. 이 문제로 회사가 어수선해지긴 했지만 직원들이 각자의 생각이나 감정을 표현하게 된 것입니다. 덕분에 직원들 간의 유대도 이전보다 훨씬 끈끈해졌습니다. 직원들은 이후부터 자연스럽게 상사와 경영진에게 자신들의 의견을 이야기하게 됐고, 소통이 훨씬 원활해졌습니다.

이것은 사장이 자신의 마음을 믿고 주변 사람을 설득했기 때문에 가능했던 일입니다. 그에게 "무섭지 않았어요?"라고 묻자 그는 이렇게 말했습니다.

"아무래도 무서웠죠. 하지만 제 감정을 믿기로 마음먹었기 때문에 견딜 수 있었어요. 이번 일을 계기로 스스로를 믿는다는 것이 어떤 것인지 처음 알게 됐어요."

결정을 해야 뭐라도 하지

확신에 자신감을
더하는 상상을 하자

인생을 좌우하는 큰 결단을 내릴 때나 주변 사람에 대한 책임이 뒤따르는 결정을 내려야 할 때는 머리로는 이미 그 답을 알고 있어도 쉽게 결정하지 못할 정도로 공포나 불안을 강하게 느낍니다. 자신이 택한 답이 '정말 괜찮을까' 하는 의문이 솟아오를 것이고, 공교롭게도 그런 상황에 놓였을 때 자신의 결정에 부정적인 영향을 미치는 사건을 맞닥뜨리기도 합니다.

그렇게 되면 자신의 마음에 따라 결정을 내리는 것이 매우 부자연스럽게 느껴지고, 마음의 목소리에 반하는 '무난하고 모호한' 답에 휘둘리기도 합니다. 마음의 목소리에 따라 결정하는 습관을 들이면 그런 부정적인 감정이 고개를 드는 일이 줄어들고 주변의 비판도 흘려들을 수 있는데, 그렇게 되기까지는 나름의 시간이 필요합니다. 이때 제가 추천하고 싶은 방법은 간단한 이미지 활동입니다.

'그 문제를 떠올리고 심호흡을 한 뒤 한 발 앞으로 나가는 모습을 상상해 보자.'

단지 이것뿐입니다. 강연회에서는 참가자들에게 실제로 일어나서 한 발을 내딛게 할 때도 있습니다. 정말 간단하니 여러분도 꼭 해 보세요. 자신이 결정해야만 하는 선택지를 떠올리면서 한 발을 내딛어 보는 것뿐이지만, 생각보다 훨씬 마음이 가볍고 든든해지며 망설임을 없애 줍니다.

한 내담자는 진전이 없는 연애를 끝내지 못해 고민이 많았는데, '미래가 없는 그와의 관계를 끝내자'고 생각하면서 매일 한 발 앞으로 나가는 모습을 상상했다고 합니다. 처음에는 아무런 변화를 느끼지 못했지만 점점 그 선택에 자신감이 생겨 불과 일주일 만에 그에게 이별을 고할 수 있었습니다. 그뿐만 아니라 이별 후에 신기할 정도로 그에게 미련을 느끼지 않았다고 합니다.

한 발 앞으로 내딛기. 간단하지만 효과적인 방법이니 속는 셈 치고 한 번 해 보세요.

5년 후, 10년 후를
생각하면 선택이 달라진다

"당신은 어떤 인생을 걸고 싶나요?"

저는 고민에 빠진 내담자들에게 이런 질문을 자주 던집니다. 한 내담자는 제게 이런 이야기를 들려줬습니다.

"지금은 일과 생활이 적당히 균형을 이뤘는데 어제 회사에서 새 프로젝트를 이끌어 달라는 제안을 받았어요. 그 프로젝트를 맡는다고 생각하면 너무 설레고 지금이라도 당장 시작하고 싶은 기분이지만, 워라밸이 무너지고 아내와 함께하는 시간이나 취미 활동에 필요한 시간이 사라진다고 생각하면 조금 망설여져요."

또 다른 이야기를 들려준 내담자도 있습니다.

"지금 좋아하는 남자가 있고 점점 관계가 가까워지고 있는데, 한편으로는 남편과도 안정적인 관계를 유지하고 있어요. 아이를 낳는다고 생각하면 둘 중 한 사람을 선택해야 할 텐데 쉽게 결정을 내리지 못하고 질질 끌고 있습니다."

이들에게 저는 이렇게 이야기했습니다.

"5년 후, 혹은 10년 후 당신은 어떤 인생을 살고 싶나요? 누구와 함께 하고 있을까요? 일단 자유롭게 상상해 보세요."

전자의 내담자는 곧바로 "출세하고 싶은 마음도 그리 크지 않고, 딱히 회사에 대한 집착이 심한 것도 아니에요. 그 프로젝트는 분명 매력적이지만 소중한 아내와의 시간과 취미 활동은 포기할 수 없을 것 같아요"라고 답했습니다.

반면 후자의 내담자는 "5년 후, 10년 후 말인가요? 우선 아이는 갖고 싶어요. 낡은 아파트를 제 마음대로 리모델링해서 쾌적한 공간에서 살아 보고 싶어요. 그때 제 옆에 누가 있을지 지금은 상상하기 어렵네요. 그 세계를 가만히 상상해 보면 되는 거죠?"라고 답하며 숙제로 가져갔습니다.

얼마 뒤 그녀는 "그 밖에도 이것저것 하고 싶은 일들이 보이기 시작했어요. 지금 하는 일도 계속하고 싶고, 해외여행도 가고 싶고, 좋아하는 것을 하며 자유롭게 살고 싶어요. 갈팡질팡했지만 결국 자유로운 인생을 살기 위해서는 남편과 함께하는 것이 맞겠다는 생각이 들었어요. 그러자 그 남자에 대한 흥미가 점점 옅어졌고, 남편에 대한 마음을 되찾았어요"라고 말해 줬습니다.

　지금의 우리는 미래에 어떤 인생이 기다리고 있는지 당연히 알 수 없습니다. 그렇기 때문에 더 자유자재로 미래를 그릴 수 있습니다. 가슴 뛰는 미래를 그리면(비전을 그리면) 우리가 정말로 바라는 것, 원하는 인생이 보이기 시작할 것입니다.

한번 내린 결정은
그걸로 끝일까?

결정하지 못하는 사람 중에는 한 번 결정한 것은 번복해선 안 된다고 생각하는 사람이 있습니다. 그러나 결정이라는 것은 한 번에 끝나는 것이 아닙니다. 몇 번이고 결정하는 것입니다. 순간순간 마음의 목소리를 따라 결정하다 보면 때로는 결정을 번복하고 싶어질 때가 있습니다. 당연히 번복해도 좋습니다. 번복하고 싶은 기분이 타인이 아니라 자신의 마음에 따른 것이라면 자책할 필요도 없습니다. 단지 내 마음이 바뀌었을 뿐입니다.

결단력이 있는 사람을 관찰해 보세요. 이들 역시 아침에 했던 말과 저녁에 하는 말이 전혀 다른 경우가 많습니다. A와 B 둘 중 A로 결정했지만 마음이 변해서 아무래도 B를 택해야겠다며 번복해도 전혀 문제없습니다. 물론 주변 사람에게 휘둘릴 가능성은 있지만 번복하고 싶은 마음을 억누르다가 시간이 한참 흐른 뒤 폭발하는 것보다는 낫습니다.

이미 결정한 것은 번복해선 안 된다고 생각하면 점점 마음의 목소리와 멀어지기 때문에 이상한 일이 벌어지는 상황도 종종 있습니다. 그럴 때는 고집을 꺾고 순수하게 굴복한 뒤 '아무래도 B로 하자'고 다시 결정하면 됩니다.

휘둘리지 않으면서
의견을 수용하는 방법

스스로 결정해야 한다고 해서 다른 사람에게 절대로 의견을 물어선 안 되는 건 아닙니다. 스스로 결정하는 사람도 다른 사람에게 의견을 구할 때가 많습니다. 다만, 스스로 결정하지 못하는 사람은 타인 중심으로 생각하기 쉽기 때문에 다른 사람의 의견에 쉽게 휘둘리는 경향이 있습니다.

다른 사람의 의견은 의견일 뿐, 이를 자신의 기준으로 받아들이는 것이 중요합니다. 타인 중심으로 생각하기 쉬운 사람은 상담할 때 다음과 같은 점을 의식해 보세요.

어디까지나 참고 의견으로 듣는다

사람은 각자의 가치관을 토대로 다양한 결단을 합니다. 당신을 위해서 하는 말이라 해도 그것은 어디까지나 그 사람의 가치관에 따른 판단입니다. 따라서 자기중심을 더 의식해서 '그는 이런 식으로 생각하는 사람이다'라고 확실히 선을 긋고 어디까지나 참고 의견으로 듣습니다. 물론 왜 그런 생각을 했는지도 물어보고, 그 이유에 납득했다면 그 의견을 그대로 받아들여도 무방합니다. 하지만 '그 사람이 그렇게 말했으니까'처럼 타인 기준으로 생각하는 것이 아니라 '나도 같은 생각이니까'처럼 자신의 기준으로 생각하는 것이 중요합니다.

나의 지지자를 찾는다

다른 사람에게 의견을 구하면, 표현이 조금 안 좋지만 그 사람을 '공범'으로 만들 수 있습니다. 당신이 진지하게 의견을 구하면 당신이 신뢰하는 그 사람 역시 진지하게 응해 줄 것입니다. 아마 의견을 요구받은 입장에서도 당신을 그냥 두지 못할 것입니다. 당신을 떠올리고 때로는 "그 문제는 어떻게 됐어?" 하며 질문도 던질 것입니다. 이런 식으로 다른 사람의 도움을 받으면 그 결단을 더 확고히 하는 데 더 열을 올릴 것이고, 그와 동시에 마음도 편해질 것입니다.

상담은 이처럼 당신을 고독으로부터 구하는 방법이기도 합니다. 따라서 고민을 혼자서만 끌어안지 말고 신뢰할 수 있는 사람에게 공유해 보기 바랍니다.

상대의 의도를 확실하게 파악한다

마지막으로 가장 중요한 점입니다. 사람마다 가치관이 다르다는 것은 그 말의 의미나 의도가 자신의 해석과 다를 수 있다는 뜻입니다. 따라서 상대방의 말을 있는 그대로 받아들이지 말고, 질문을 던지면서 그 의도를 파악하는 것을 잊지 말아야 합니다.

"그건 어떤 의도로 하신 말씀인가요?", "이거 ~라고 해석하면 되나요?" 등의 질문은 상대방의 의도를 더 깊이 이해할 수 있고, 동료와의 관계를 더 끈끈하게 만드는 효과도 있습니다. 모처럼 의견을 보태 준 데 경의를 갖고 제대로 이해하기 위해 의문점이 있다면 부끄러워하지 말고 꼭 그 자리에서 해소하는 것이 좋습니다. 그렇게 하면 당신이 결단을 내리는 데 큰 보탬이 될 것입니다.

무엇이 더 좋은 결정인지
헷갈린다면

무언가를 결정할 때 기한을 두면 더 쉽게 할 수 있는 경우가 있습니다. '지금 사는 집에서 이사를 갈 것인지 계속 살 것인지' 하는 문제로 망설이는 경우도 계약 갱신일이 다다음달이라면 적어도 이번 달 말까지 집 주인에게 재계약 여부를 말해야겠죠. 이처럼 계약 조건을 지키기 위해 결정해야 하는 상황에 내몰리면 의외로 쉽게 결정하는 경우도 적지 않습니다. '기한'이라는 조건이 더해짐으로써 그 문제에 의식이 향하고 집중할 수 있기 때문입니다.

그러나 이때도 중요한 것은 역시 '사고'만으로 결정하지 않고 마음의 목소리를 들어 보는 것입니다.

'나는 어떻게 하고 싶은 걸까?'

'정말 하고 싶은 게 뭘까?'

'그렇게 하면 마음이 후련할까?'

'가슴이 두근두근할까?'

하지만 기한이 있어도 결정하기 어려울 때가 있습니다. 그렇더라도 자책하지 않는 것이 중요합니다. 자책하면 할수록 자기긍정감이 떨어지고 더더욱 결정하지 못하기 때문입니다.

예를 들어 이사 등의 문제로 고민하고 있는데 기한 내에 결정을 내리지 못한 내담자의 이야기를 들은 저는 이렇게 답하곤 합니다.

"당신의 마음은 어느 쪽도 선택하지 않기로 결정한 건지도 몰라요. 아직 이 집을 떠날 시기가 아니라고 생각하고 있을지도 모르고, 반대로 이집에 조금 더 살고 싶을지도 모르죠. 결과적으로 계약을 연장하기로 결정했죠? 그럼 그걸로 된 거 아닐까요?"

상황에 대한 해석은 다양합니다. 부정적으로 해석할 수도 있고 긍정적으로 받아들일 수도 있습니다. 자기긍정감이 높으면 이런 상황도 '좋은 일'로 받아들일 수 있습니다.

고민과 잠시
거리 두기

이리저리 고민하고 마음의 목소리를 계속 들어 봐도 좀처럼 느낌이 오는 답을 찾지 못할 때도 있습니다. 이런 고민을 하느라 에너지가 떨어지거나 일이나 일상생활에서 스트레스를 받으면 그쪽에 의식이 쏠려 마음의 목소리가 들리지 않게 됩니다. 이럴 때는 상태를 회복하는 것이 먼저입니다. 기한이 촉박한 사안이 있어도 마음의 상태를 먼저 회복합니다. 마음이 지쳐 있으면 직감이나 감각에 따라 결정하기가 어렵기 때문입니다.

몸이나 마음의 건강을 회복하면 갑자기 답이 찾아오기도 합니다. 사업을 구상 중이던 한 내담자의 이야기를 소개하겠습니다. 그는 다니던 직장과도 원만하게 조율하며 순조롭게 독립을 준비하고 있었습니다. 그런데 문득 '정말 나는 독립하고 싶은 걸까? 지금 이대로도 충분히 행복하지 않을까' 하는 의문이 떠오른 것입니다.

그는 한창 그런 마음이 들 때 제게 상담을 받으러 왔습니다. 제 눈에는 그가 굉장히 지쳐 보였습니다. 회사 일과 사업 준비를 병행하고 있었기 때문에 시간적 여유도 많지 않았고 지나치게 에너지를 많이 쏟은 탓에 정신적 피로가 쌓여 있었습니다. 저는 우선 마음의 피로를 제거하기 위해 사업 준비를 멈추고 느긋하게 휴식하기를 권했습니다.

"온천에라도 다녀오세요"라는 저의 제안에 그는 직접 자동차를 운전해서 일주일 정도 유명 온천에 묵었다고 합니다. 처음에는 갑자기 피로가 몰려와 아무런 생각도 하지 못했다고 하는데, 다음 날 나고야로 돌아간다고 생각하니 문득 마음의 목소리가 들려왔다고 합니다.

'이제 괜찮아. 지금이 바로 사업을 할 타이밍이야.'

그는 마음의 목소리에 힘입어 밤새 운전을 해서 예정보다 하루 일찍 돌아와 곧바로 사업 준비를 시작했습니다. 장시간 운전했음에도 불구하고 마음은 날개가 달린 듯 가볍고 사업 생각을 하면 가슴이 두근거려서 지금 당장이라도 시작하고 싶은 마음이 가득했다고 합니다.

혹시 마음의 목소리에 귀를 기울여도 여전히 잡념이 많거나 설렘이 느껴지지 않는다면 일단 마음의 피로를 풀어 보세요. 그럼 생각지도 못한 답을 발견할 수 있습니다. 마음의 피로를 푼다는 것은 당신이 좋아하는 것, 편안함을 느낄 수 있는 것, 즐길 수 있는 것을 만끽하는 것입니다. 그는 온천을 좋아하고 아키타의 유명 온천에 가고 싶다는 바람이 있었습니다. 당신이 노래방에서 노래하기를 좋아한다면 몇 시간씩 노래를 불러 보고, 여행을 좋아한다면 평소에 가 보고 싶었던 곳으로 떠나면 됩니다. 바다를 좋아한다면 질릴 때까지 바닷가에서 지내 보세요.

이처럼 당신이 편안하게 즐길 수 있는 곳에 잠시 머무른다면 반드시 마음의 피로가 풀릴 것입니다.

상대를 기다려 주되
모든 결정권을 넘기지는 말 것

    스스로 결정하지 못하는 사람들에게 이런 고민을 들을 때가 종종 있습니다.

    "지금 동거 중인 남자 친구와 결혼하고 싶은데 남자 친구는 회사 일이 너무 바빠서 당분간은 결혼을 못 하겠대요. 저는 기다려야 되는 걸까요? 하지만 나이를 생각하면 빨리 아이를 가져야 할 것 같아서 다른 사람을 만나는 편이 좋을지 고민하고 있어요."

    마음은 충분히 이해합니다. 물론 이분에게도 저는 "어느 쪽이든 마음

가는 대로 결정해 보세요"라고 말했습니다. 어느 쪽을 택하든 자기 자신이 진심으로 납득해서 결정하면 행복해질 가능성은 충분히 있기 때문입니다.

하지만 만약 그녀가 다른 사람을 찾는다고 생각했을 때 가슴이 뛰지 않는다면(다시 말해서 이것은 머리로 생각하고 있다는 것이죠) 그 선택은 그다지 추천하지 않습니다. 아직 그를 사랑하고 있기 때문입니다.

이처럼 사람들은 누군가와 연관된 문제에서는 자신도 모르게 상대방의 동향을 살핀 후에 결론을 내리려는 경향이 있습니다. 청혼은 남자가 여자에게 하는 것이라고 생각한다면 기다리는 게 맞다는 결론을 낼 것입니다. 하지만 무턱대고 남자 친구의 판단을 기다린다면 그녀는 계속해서 불안한 상태로 지낼 것입니다. 따라서 중요한 것은 '일단 결혼 문제는 내가 결정한다'고 마음먹는 것입니다.

이것은 비즈니스에서든 일상생활에서든 마찬가지입니다. 상대방의 의견도 존재하기 때문에 서로의 선택이 일치하지 않으면 해결하기 어렵습니다. 그러나 가위바위보를 할 때 뒤늦게 손을 내듯이, 상대방이 먼저 결정한 뒤에 결정을 내리는 식이라면 늘 초조하게 기다려야 합니다. 물론 내가 먼저 결정을 내려도 상대방이 곧바로 결정을 내려 주지 않으면 역시 두려움이 존재할 것입니다.

그래서 상대방을 신뢰하고 기다리는 것이 매우 중요합니다. 앞서 소

결정을 해야 뭐라도 하지

개한 사례라면, '나는 그와 결혼하기로 마음먹었다. 이제 그의 결정을 믿고 기다리는 일만 남았다'고 말할 수 있을 것입니다.

상대방을 믿고 기다리는 동안 당신이 해야 할 일

그럼 신뢰하고 기다린다는 것은 어떤 것일까요? 마냥 기다리기엔 불안하기도 하고, 결정을 번복하고 싶은 마음이 들지도 모릅니다. 신뢰하고 기다린다는 것은 이런 것입니다.

"나는 이 남자랑 결혼하기로 했으니 바통은 그의 손에 있어. 이제 이 사람에게 맡기자. 그는 자신의 인생을 스스로 결정할 수 있는 사람이야. 지금은 일 때문에 바쁘지만, 그럼에도 내 마음을 잘 보듬어 주고 있어. 그는 이렇게 따뜻한 사람이야. 그러니까 나는 지금 내가 할 수 있는 일을 하고 그의 선택을 기다리면 돼."

그에게 청혼하라는 의미는 아닙니다. 그저 자신의 마음속에서 결정하는 것입니다. 이처럼 '마음속으로 결단을 내리고 신뢰하고 기다리는' 행위는 자신이 갖고 있는 바통을 상대에게 건네는 것입니다. 스스로 결정하지 못하는 사람은 반대로 상대방이 바통을 줄 때까지 기다립니다. 자신의 바통을 건네줄 수 있다는 것은 상대방이 신뢰하기에 충분한 사람임을 잘 알고 그의 행동을 신뢰하는 것입니다.

신뢰하고 기다린다는 것은 '진인사대천명'과 같은 의미입니다. 이 말은 '사람으로서 할 수 있는 일을 다했다면 그다음은 조용히 하늘의 뜻에 맡긴다'는 의미입니다.

따라서 상대방에게 바통을 넘겼다면 필요 이상으로 상대방의 동향을 신경 쓰지 말고 침착하게 기다려 주세요. 그동안 스스로를 갈고닦아도 좋고, 좋아하거나 하고 싶은 일을 하며 자기긍정감을 높여도 좋습니다. 앞선 예에서라면 결혼 이후의 삶을 준비할 수도 있겠죠.

지금까지 소개한 활동들을 다시 한 번 짚어 나간다면 당신의 결정에 자신감이 생길 것입니다.

더 많은 변화를 위한
결정력 끌어올리기

누구나 결정을 내린 후 불안하고 망설여지고 의심할 수 있습니다. 저는 "이직하기로 마음먹을 땐 설레서 가슴이 뛰었는데, 금세 불안해져서 다시 망설이게 됐어요"라고 말하는 분들을 자주 만납니다. 자신의 마음과 다시 이야기를 나누고 '아무래도 이직하지 않는 게 좋겠다'고 결정해도 무방합니다. 그렇지만 자신의 결정을 흔들림 없이 믿는 요령이 있다면 그것은 사고가 아니라 감정이나 감각을 의식하는 것입니다.

마음의 목소리를 따라 결정을 내리면 불안해도 가슴 뛰는 설렘을 느낄 수 있습니다. 만약 당신의 사고나 과거의 경험이 그 설렘을 억누르려고 한다면 다시 한 번 자신의 결정에 의식을 기울여 보세요.

'그 너머에 어떤 멋진 미래가 기다리고 있을까?'

'그게 나에게 어떤 기쁨을 가져다줄까?'

'그로 인해 주변 사람에게 어떤 좋은 영향을 미칠 수 있을까?'

이처럼 설레는 미래를 '비전'이라고 말합니다. 비전을 계속해서 그려 나가면 설렘은 더 증폭되고, 그 비전이 실현될 날을 학수고대하게 될 것입니다.

비전을
구체적으로 적어라

저는 2015년 4월에 독립해서 프리랜서 상담사로 활동을 시작했습니다. 회사를 그만두기까지 1년 반이 걸렸습니다. 잘할 수 있을 거라는 믿음도 있었지만 한편으로는 혼자 모든 일을 해야 한다는 고독감과 불안감, 그리고 다양한 갈등이 찾아왔습니다. 그래서 저는 독립 후에 하고 싶은 것들을 상상하기 시작했습니다. 컴퓨터에 '독립 후 이루고 싶은 것'을 계속해서 추가하고 그것들을 구체적으로 적어 봤습니다.

- 리트리트 세미나(일상을 벗어나 스스로를 되돌아보는 자리)를 개최하고 싶다.

- 삿포로나 오키나와 등 지금까지 강연회나 세미나를 개최한 적 없는 곳에서 강연하고 싶다.
- 정기적으로 책을 출판하고 싶다.
- 더 마음 편하게 출장 계획을 짜고 싶다.
- 즉흥 세미나를 기획하고 싶다.
- 가족과 함께 훌쩍 여행을 떠나고 싶다.
- 전국 각지의 맛집을 돌고 싶다.
- 더 풍요롭고 여유로운 생활을 하고 싶다.

이처럼 하고 싶은 것들을 쭉 적은 뒤 더 구체적으로 보완해 나갔고, 친한 친구에게 이야기하기도 했습니다. 그러자 회사를 빨리 그만두고 싶은 마음이 점점 강해졌습니다. 더는 그날을 기다릴 수 없게 된 것이죠. 한번 결정한 것을 그대로 방치하면 마음속의 부정적인 생각에 억눌리기 쉽습니다. 대신 이렇게 미래를 구체적으로 그려 나간다면 두근거리는 마음이 점점 퍼져 나가는 법입니다.

효과는 이뿐만이 아닙니다. 이렇게 목록을 만드는 동안 저는 스스로에게 '이건 꼭 독립을 해야만 할 수 있는 일일까?' 하고 계속해서 질문했습니다. 그 대답은 대부분 'Yes'였고, 그로 인해 저의 사고와 감정이 결정을 더 깊게 납득할 수 있었습니다. 또한 계속해서 질문을 던짐으로써 저는 저의 결정을 몇 번씩 시험했습니다. '정말 그만두고 싶어? 정말 혼자 하고 싶은 거야?' 하고 말이죠. 하지만 계속해서 'Yes'라는 답이 나오자 조금씩 제 마음을 굳힐 수 있었습니다.

지금 할 수 있는 일은 바로 하라

마음에 따라 결정한 후에만 해당하는 이야기는 아니지만 '지금 할 수 있는 일'을 찾아서 실제로 행동하다 보면 점점 자신감이 붙습니다. 자신감을 얻으려면 반드시 행동해야 합니다. 생각만 해서는 자신감은 붙지 않습니다.

앞서 소개한 저의 경우라면, 하고 싶은 것을 적고, 그것을 구체화하고, 친한 친구에게 그 계획을 이야기한 것들이 '행동'에 해당합니다. 이밖에도 저는 '새로운 블로그를 만든다', '상담이나 세미나 예약 시스템을 검토한다', '세미나 회장을 찾는다', '지인의 소개로 컨설턴트를 만난다' 등의 계획을 행동으로 옮겼습니다.

이처럼 자신의 결정을 밀어붙이듯 구체적으로 행동하면 자신감이 붙습니다. 저의 내담자 중에는 "이혼을 결심했지만 그 결정이 흔들릴 것 같아서 매달 상담을 받으러 다녀요"라고 말하는 분도 있습니다. 이 역시 구체적인 행동입니다. 결정을 내리고 나서 가만히 있으면 불안과 공포가 찾아옵니다. 지금 할 수 있는 것을 찾아서 행동한다면 불안과 공포는 자신감으로 바뀔 것입니다.

내 결정에 확신 더하기 7단계

◇ 오늘부터 매일 직감과 감각만으로 결정하는 연습을 시작해 보세요. 처음에는 잘 안 될 수도 있지만 끈기 있게 지속하는 것이 중요합니다. 직감으로 결정하는 요령을 파악했다면 그 결정을 검증하면서 습관으로 만들어 보세요.

◇ 직감으로 결정하는 방법이 어렵다면 '내 마음이 편한 쪽으로 결정한다', '내 가슴이 뛰는 쪽으로 결정한다'는 두 가지 원칙을 기억하세요.

◇ 5년, 10년 후의 나는 어떤 모습일까요? 상상하는 것만으로도 자신감이 생깁니다.

◇ 결정을 번복해도 괜찮습니다. 중요한 것은 최종적으로 내 마음이 가는 대로 결정하는 것입니다.

◇ 결정이 어려울 땐 기한을 정해 보세요. 문제에 더 집중할 수 있게 됩니다.

◇ 인간관계 문제로 고민할 때 너무 상대방을 신경 쓰고 있지는 않나

요? 상대방이 바통을 넘겨줄 때까지 기다리지 말고 당신이 먼저 건네 보는 건 어떨까요?

◇ 당신이 지금 고민하는 문제나 결정을 앞둔 문제를 직감과 감각에 따라 해결해 보세요. 그리고 그 결정에 가슴 뛸 수 있도록 상상을 더 구체적으로 부풀려 보세요.

◇ 당신이 그리는 비전은 꼭 기록해 두세요.

◇ 기록한 비전을 기반으로 '지금 할 수 있는 일'을 찾아서 행동해 봅시다. 가능한 한 그 행동도 기록해 두는 것을 추천합니다.

"해 볼걸" 하는 후회에서
"해 보자"라는 결심으로

마지막까지 읽어 주셔서 감사합니다. 3년 전에 출간된《소심한 심리학》에서 저는 자기긍정감과 자기중심이 자동차 바퀴에 해당한다고 적었습니다. 그렇다면 이 책의 주제인 '스스로 결정하는 법'은 자동차의 엔진입니다.

자기긍정감은 나다운 인생을 살기 위해 반드시 필요한 요소입니다. 다만 자기긍정감이 아무리 높아도 스스로 결정하지 않는다면 앞으로 나아갈 수 없습니다. 자기긍정감을 높이면 스스로 결정하는 힘이 생기지만 내가 결정해야 하는 상황은 갑작스럽게 찾아오는 법이죠. 인생은 강의 흐름처럼 어느 날은 빠르게 소용돌이치기도 합니다. 그래서 자기긍정감을 충분히 높이고 나서 결정하려 한다면 타이밍을 맞추기 어렵습니다. 결혼, 이혼, 해고, 이직, 기회, 위기. 이 모든 것은 어느 날 갑자기 찾아옵니다. 그게 바로 인생입니다.

이 책을 읽은 여러분은 이제 스스로 결정할 수 있는 사람이 됐습니다. 하지만 여전히 붕 떠 있는 것처럼 어딘가 불편한 느낌이 남아 있을지도 모릅니다. 이런 어색함은 이사 직후 새로운 환경에 적응하지 못하는 것과 같습니다.

이 책을 덮은 후에는 반드시 능동적으로 살아가길 바랍니다. 자기긍정감이 높아질 때까지 기다리지 말고, 먼저 결정을 하세요. 엔진에 시동을 걸고 앞으로 나아가면서 자기긍정감을 높여 나가길 바랍니다.

스스로 결정하는 일을 반복하다 보면 아마 이런 생각이 들 것입니다.

"나는 아무것도 잘못하지 않았다."

스스로 결정해서 앞으로 나아가기 시작하면 자신이 아무것도 잘못하지 않았음을 깨닫게 됩니다. 사실 이 감각을 맛보는 것이 자기긍정감을 높이는 가장 좋은 방법이라고 생각합니다. 저는 많은 사람이 이를 깨닫게 하기 위해 심리 상담사로서 매일 상담을 하고 있다고 해도 과언이 아닙니다.

이로써 스스로 결정하는 사람이 되는 7가지 이야기가 모두 끝이 났습니다. 만약 길을 헤매거나 자신감을 잃게 되는 날이 온다면 언제든 돌아와도 좋습니다.

제 머릿속에는 늘 주체적으로 결정하는 것과 관련된 주제가 있었고 스스로 많은 시행착오를 겪기도 했습니다. 왜냐하면 저 역시 결정하는 데 서툴렀기 때문입니다. 저도 우유부단한 스스로를 자책하던 때가 있었습니다. 하지만 이 책에서 소개한 과정 덕분에 지금은 능동적으로 결정할 수 있는 사람이 됐습니다. 주저할 때도 있지만 이제는 그런 모습조차 '나다운 모습'으로 받아들일 수 있게 됐습니다.

저는 제가 신뢰할 수 있는 사람들에게 의견을 구하며 한 발 한 발 앞으로 나아가고 있습니다. 그리고 과거의 저처럼 스스로 결정하지 못하는 분들에게 조금이나마 도움이 되길 바라며 이 책을 썼습니다.

마지막으로 이 책을 함께 만들어 준 출판사, 늘 제게 힘이 돼 준 아내와 아이들, 많은 제자와 동료, 그리고 독자 여러분에게 더할 나위 없는 감사의 말씀을 올립니다. 진심으로 감사합니다.